身近な人が亡くなった後の手続のすべて

新訂版

司法書士　児島　明日美
税理士　　福田　真弓
社会保険労務士　酒井　明日子
著

自由国民社

はじめに

　皆さんは、身近な人が亡くなられた後、どこへ行き、どのような手続や届出を行えばよいか、ご存知ですか?

　慌ただしく葬儀や法要などの手配や準備を行うのと併せて、残された方々は様々な手続や届出を行わなければならないことになります。

　中には期限が定められている手続もありますし、「期限が定められていることを知らなかった」という理由では許されないものもあります。

　ほとんどの方が当事者になる可能性のあるこれらの手続や届出。しかし、あまり積極的に考えたくない、後回しにしたい内容であることなどから、いざというときになってはじめて、その種類の多さ、煩雑さに頭を悩ませ、途方に暮れる…ということになってしまいます。

　葬儀や法要のこと、保険や年金のこと、相続手続のこと、預貯金の解約のこと、相続税のことを1冊に、という思いで私たちがまとめたこの本の初版は、発売以来たくさんの方々に実際に手にとって頂き、同時に、当初の想定以上に多くの反響を頂きました。

　今般、自筆証書遺言や配偶者居住権など、相続に関連する法律の改正や最新の情報を盛り込むため、あらためて内容を整理し、補完しました。

　あらためて一人でも多くの方にこの本をいちばん身近な参考書としてご活用頂ければ幸いです。

司法書士　児島明日美

税理士　福田　真弓

社会保険労務士　酒井明日子

身近な人が亡くなった後の手続のすべて

目　次

巻頭グラフ 手続・届出の概要や最新情報を確認しましょう
目で見てイメージ 身近な方の死後のこと

* 身近な人が亡くなった後の手続・届出の一般的な流れ————12
* 身近な人が亡くなった後の手続・届出チェックリスト————14
* 身近な人が亡くなった後の手続・届出　素朴な疑問————16
* 身近な人が亡くなった後の手続・届出に関する法改正————18
* 手続に関係のある用語集————20

第1章 死亡直後の手続について確認しましょう
大切な方が亡くなった直後に行う手続

ガイダンス 亡くなった直後の手続を確認しましょう————22

01 死亡診断書・死体検案書を手配しましょう————24

02 死亡届の提出をしましょう————26

　■ 死亡届の書き方

03 火葬許可申請書の提出をしましょう————28

　■ 火葬許可申請書の書き方

コラム 特殊な死亡の場合の届出————29

4

04 葬儀・納骨の手配をしましょう―――――――30

コラム 葬儀にかかる費用――――――――――31

コラム 葬儀社の選び方―――――――――――34

05 お墓を移したい（改葬したい）とき―――――36

　■ 改葬許可申請書の書き方

06 世帯主を変更したいとき――――――――――38

　■ 世帯主変更届（住民異動届）の書き方

07 健康保険の資格喪失の手続をしましょう―――40

08 介護保険の資格喪失の手続をしましょう―――42

確認しておきましょう 手続に必要となる証明書――――44

コラム 預貯金の払戻し制度と葬儀費用――――46

少し落ち着いてからでも間に合う届出・手続です

第2章 落ち着いたら行う諸届、諸手続

ガイダンス 落ち着いたら行う手続・届出を確認しましょう―――48

01 公共料金の解約・変更手続をしましょう―――50

02 免許証・カード等の返却手続をしましょう――51

03 故人の所得税の申告手続をしましょう――――52

　■ 所得税の準確定申告書の書き方（第1表、第2表、付表）

04 葬祭費・埋葬料の申請をしましょう――――――56

　■ 健康保険被保険者（家族）埋葬料（費）支給申請書の書き方

05 高額療養費の支給を受けたいとき――――――60

06 婚姻前の名字に戻したいとき――――――――62

　■ 復氏届、入籍届の書き方

5

07 姻族関係を終了したいとき————————————————65

■ 姻族関係終了届の書き方

08 故人の事業を引き継ぐとき————————————————67

■ 所得税の青色申告承認申請書の書き方

第3章 遺族年金など年金の手続について確認しましょう
遺族年金等の手続

ガイダンス 公的年金の手続を確認しましょう————————————70

01 公的年金の基本を確認しましょう————————————————72

02 年金受給を停止し、未支給の年金を請求しましょう——————74

■ 未支給年金・未支払給付金請求書の書き方

■ 年金受給権者死亡届（報告書）の書き方

03 遺族年金を請求しましょう————————————————————77

遺族年金チャート もらえる遺族年金を確認しましょう——————78

■ 年金請求書（国民年金・厚生年金保険遺族給付）の書き方

04 遺族基礎年金がもらえないとき————————————————88

05 遺族厚生年金に加算される給付があるとき——————————90

06 児童扶養手当を確認しましょう————————————————92

コラム 仕事中や失業給付受給中に亡くなったとき————————94

第4章 遺産を相続する手続の基本を確認しましょう
遺産相続手続の基本

ガイダンス 相続手続の基本を確認しましょう————————————96

01 誰が相続人になるか確認しましょう——————98

02 遺言の基本について確認しましょう——————100

03 遺言があるかどうか探しましょう——————101

04 公正証書遺言以外の遺言は検認をしましょう——————102
- 遺言書の検認申立書の書き方

05 遺留分について確認しましょう——————104
- 遺留分侵害額請求書の書き方一例

06 戸籍から正確な相続人を特定しましょう——————106
- 戸籍全部事項証明書（戸籍謄本）のひな型と読み取り方

コラム 想定していない相続人が出てきたら？——————107

コラム 戸籍がつながらない場合——————109

確認しておきましょう 法定相続情報証明制度——————110
- 法定相続情報証明申出書の書き方
- 法定相続情報一覧図の作り方

07 住民票の写し・印鑑証明書を取得したいとき——————114

コラム コンビニエンスストアでの証明書等の自動交付——————114

08 相続手続が必要な財産を探しましょう——————116

確認しておきましょう デジタル遺品のこと——————118

09 相続財産をどうするか検討しましょう——————120

10 借金を相続したくないとき——————122
- 相続放棄申述書の書き方

11 相続財産の分け方を決めましょう——————126

確認しておきましょう 配偶者居住権のこと——————128

12 遺産分割協議書を作成しましょう——————130
- 遺産分割協議書の書き方

⑬ 遺産分割協議がまとまらないとき————132

   ■ 遺産分割調停申立書の書き方

⑭ 未成年や認知症の相続人がいるとき————135

   コラム 成年後見制度とは？————136

第5章 相続・名義変更の手続
相続・名義変更の手続を行いましょう

ガイダンス 相続の手続の流れを確認しましょう————138

① 銀行など金融機関での相続手続をしましょう————140

   ■ 残高証明依頼書、相続届の書き方

コラム 相続人の代わりに代理人が手続を行う場合————145

   ■ 委任状の書き方

② 株式など有価証券の相続手続をしたいとき————146

③ 生命保険の保険金を受け取りたいとき————148

   ■ 死亡保険金請求書の書き方

④ 自動車の相続手続をしたいとき————150

   ■ 移転登録申請書の書き方

⑤ 不動産の相続手続をしたいとき————152

   ■ 登記申請書、相続関係説明図の作り方

⑥ 団体信用生命保険に加入していたとき————158

   ■ 登記申請書の作り方（抵当権抹消登記の場合）

⑦ ゴルフ会員権その他の相続手続をしたいとき————160

コラム 専門家の使い方 〜どの専門家に依頼する？〜————162

8

第6章 相続税の基本的手続

相続税の基本について学びましょう

ガイダンス	相続税の手続の流れを確認しましょう	164
01	相続財産の評価方法を確認しましょう	166
02	相続税を計算しましょう①	168
03	相続税を計算しましょう②	170
04	各人の相続税額を計算しましょう	172
困ったときはこちらを確認	相続税額の早見表	174
05	相続税の軽減・加算措置を確認しましょう	176
06	土地の評価額を計算しましょう①	178
07	土地の評価額を計算しましょう②	180
08	小規模宅地等の特例を確認しましょう①	182
09	小規模宅地等の特例を確認しましょう②	184
10	上場株式の評価額を確認しましょう	186
11	非上場株式の評価額を確認しましょう	187
12	相続税の申告書を作成しましょう	190

■ 相続税の申告書

・第1表（相続税の申告書）の書き方

・第2表（相続税の総額の計算書）の書き方

・第5表（配偶者の税額軽減額の計算書）の書き方

・第9表（生命保険金などの明細書）の書き方

・第11表（相続税がかかる財産の明細書）の書き方

・第11・11の2表の付表1／第11・11の2表の付表1（別表）
（小規模宅地等についての課税価格の計算明細書）の書き方

・第13表（債務及び葬式費用の明細書）の書き方

・第14表（純資産価額に加算される暦年課税分の贈与財産価額及び特定贈与財産価額の明細書）の書き方

・第15表（相続財産の種類別価額表）の書き方

⑬ 相続税の納税方法を確認しましょう————————202

⑭ 税務調査とペナルティー————————————————204

⑮ 修正申告、更正の請求をするとき————————————206

コラム 延納と物納について————————————————208

第7章 将来の相続に備えましょう 生前対策の基礎知識

① 遺言の作成方法を確認しましょう————————————210

確認しておきましょう 自筆証書遺言書保管制度————————213

② エンディングノートについて確認しましょう——————216

③ 生前贈与の活用を検討しましょう①——————————217

④ 生前贈与の活用を検討しましょう②——————————220

⑤ 生命保険の活用を検討しましょう————————————223

⑥ 自宅を売るときの税金について知っておきましょう————226

巻末資料 お役立ち情報————————————————————228

用語索引——————————————————————————230

巻頭グラフ

手続・届出の概要や最新情報を確認しましょう

目で見てイメージ
身近な方の死後のこと

　身近な方が亡くなると、その家族や親族は様々な手続に追われることになります。

　ある程度の全体像を把握しておかないと、何をすべきか、また、何から手をつけてよいかわからず、悩むことになってしまいます。

　まずは手続の概要や一般的な流れ、最新情報をこの巻頭グラフで確認しましょう。

身近な人が亡くなった後の手続・届出の一般的な流れ

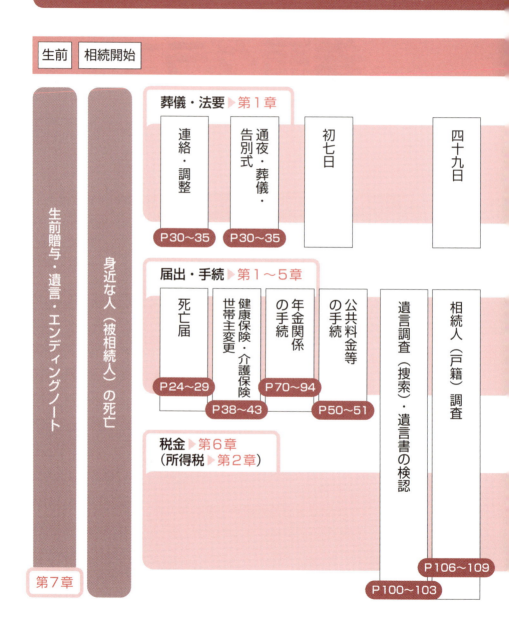

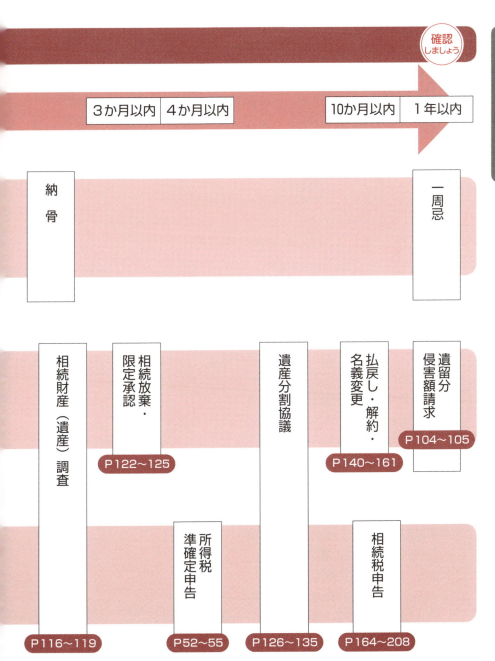

身近な人が亡くなった後の手続・届出チェックリスト

　身近な人が亡くなった後に行う代表的な手続・届出を、①**直後に行うこと**、②**落ち着いたら行うこと**、③**必要に応じて行うこと**、の3種類に分け、チェックリスト形式でまとめました。

①直後に行うこと●第1章
- ☐ 死亡診断書・死体検案書の受取
- ☐ 死亡届・火葬許可申請書の提出（7日以内）
- ☐ 世帯主変更の手続（14日以内）
- ☐ 健康保険の諸手続（国民健康保険14日以内）
- ☐ 介護保険の諸手続（14日以内）
- ☐ 年金受給停止の手続（厚生年金10日以内　第3章）

⬇

②落ち着いたら行うこと●第2章・第4章
- ☐ 戸籍謄本の取得（相続人の調査）
- ☐ 住民票の写し・印鑑証明書の取得
- ☐ 公共料金（電気・ガス・水道・NHKなど）の支払方法変更・停止
- ☐ 固定・携帯電話・インターネットなどの支払方法変更・停止
- ☐ 葬祭費・埋葬料の支給申請（2年以内）

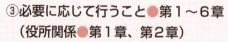

⬇

③必要に応じて行うこと●第1～6章
（役所関係●第1章、第2章）
- ☐ 高額療養費の請求申請
- ☐ 高額介護サービス費の請求申請
- ☐ 復氏届
- ☐ 姻族関係終了届
- ☐ 改葬許可申請

③必要に応じて行うことの続き

（年金関係●第3章）

- ☐ 年金の受給停止（厚生年金10日以内）・未支給の年金の請求手続
- ☐ 遺族年金の受給手続
- ☐ 寡婦年金の受給手続
- ☐ 死亡一時金の受給手続
- ☐ 児童扶養手当の受給手続

（相続手続関係●第4章・第5章）

- ☐ 相続放棄（3か月以内）
- ☐ 限定承認（3か月以内）
- ☐ 遺言書の検認申立
- ☐ 特別代理人・不在者財産管理人・成年後見人選任申立
- ☐ 遺産分割協議（調停）
- ☐ 預貯金の相続手続
- ☐ 株式など有価証券の相続手続
- ☐ 生命保険の保険金受取手続
- ☐ 自動車の相続手続
- ☐ 不動産の相続手続
- ☐ ゴルフ場・リゾート会員権などの相続手続
- ☐ 遺留分侵害額請求（1年以内）

（税金関係●第2章、第6章）

- ☐ 青色申告承認申請（4か月以内）
- ☐ 所得税の準確定申告（4か月以内）
- ☐ 相続税の申告（10か月以内）

身近な人が亡くなった後の手続・届出 素朴な疑問

▶亡くなった直後には何をする必要がありますか？

詳しくは
第1～2章

　大切な方が亡くなられると、通夜や葬儀・告別式の準備、手配以外にも、死亡届の提出など役所関係の届出・手続を行う必要が生じます。

　ただでさえ気持ちが落ち着かない状態の中で、あれもこれも…となってしまうと、とても大変です。すみやかに行わなければならないことと、少し落ち着いてから行えばよいことを区別し、**優先順位**をつけて順番に対応していくとよいでしょう。

▶遺族年金の手続はどうしたらよいですか？

詳しくは
第3章

　年金は自動的に振り込まれるものではなく、必ず**請求の手続**を行わなければなりません。亡くなった方が加入していた年金の種類や保険料を納めていた期間、そして残された遺族の状況など、要件によってもらえる年金の種類も額も違ってきます。

　また、年金の種類によって手続書類の提出場所や添付書類も異なってきますので、該当する手続をしっかり確認しましょう。

▶相続手続とは、どのようなものですか？

詳しくは
第4～5章

　相続の発生に伴い、亡くなられた方の財産等について行わなければならない手続を、この本では**相続手続**といいます。

　亡くなられた方が遺言書を残している場合は、原則として遺言の内容に従います。遺言がない場合は、相続人全員で遺産分割協議を行い、その分け方を決め、決まった内容に従って、名義変更等の手続を行います。遺言がない場合は、原則として相続人全員がそれぞれの相続についての手続に関与する必要があるのです。

▶相続税のことが心配なのですが…。

詳しくは
第6章

　相続税には**基礎控除額**と呼ばれる非課税枠があり、亡くなった方の財産が一定額以下なら相続税はかかりません。例えば、4人家族でご主人が亡くなり、財産額が4,800万円を超えていると、相続税の申告と納税が必要になる可能性があります。

　ただし、相続税には**様々な特例**があり、この枠より多くの財産があったとしても、相続税を納めなくてよいことも。税務署や税理士に尋ねる前に、基本的な内容を確認しておきましょう。

巻頭グラフ　目で見てイメージ　身近な方の死後のこと

17

身近な人が亡くなった後の手続・届出に関する法改正

近年、相続手続に関する大きな法律の改正がありました。少し難しい内容になりますが、代表的な改正の概要を確認しておきましょう。

配偶者居住権の新設　　　　　　　　【令和2年4月1日から】

　配偶者が、相続開始時に、亡くなった方が所有する建物に居住していた場合、その配偶者は遺産分割（遺贈も可）によって「配偶者居住権」を取得することにより、終身または一定期間、その建物に無償で居住することができるようになります。

　配偶者の生活保障を図るとともに、遺産分割の方法も選択肢が増え、柔軟に分割できるようになります。

配偶者居住権　P128

夫婦間の自宅贈与等の優遇　　　　　【令和1年7月1日から】

　婚姻期間20年以上の夫婦間で居住用の不動産が遺贈または贈与された場合、原則として遺贈又は贈与されたものを遺産分割の際に持ち戻して計算する必要がなくなりました。結果として遺産分割の際の配偶者の取り分が増えることになります。

特別受益　P130

預貯金の払戻し制度の創設　　　　　【令和1年7月1日から】

　預貯金が遺産分割の対象となる場合に、各相続人は遺産分割終了前でも一定の範囲で預貯金の払戻しを受けることができるようになりました。

詳しくは　P46

特別の寄与の制度の創設　　　　　　【令和1年7月1日から】

　相続人以外の亡くなった方の親族が、無償で亡くなった方の療養看護等を行った場合、（その親族が）相続人に対して金銭の支払いを請求することができるようになりました。

遺留分制度の見直し 　　【令和1年7月1日から】

　法律で認められた、特定の相続人が最低限相続できる権利である「遺留分」を侵害された者は、遺贈や贈与を受けた者に対して、遺留分侵害額に相当する金銭の支払い（改正前は現物の返還が原則でした）を請求することができるようになりました。　**遺留分　P104**

自筆証書遺言の方式の緩和 　　【平成31年1月13日から】

　法律的に有効な遺言の方法のうち、自筆証書遺言について作成方式が緩和されました。　**遺言の作成方法　P210**

　これまでは全文を自署する必要がありましたが、財産目録についてはパソコンで作成した目録や、通帳のコピーを添付する形などでもよいことになりました。ただし、それぞれのページに署名押印は必要です。

　すべてを自筆する必要がなくなったことで作成する際の負担は軽減されたので、これまでより作成しやすくなりました。　**自筆証書遺言の作り方　P212**

自筆証書遺言の保管制度の創設 　　【令和2年7月10日から】

　自筆証書遺言は費用をかけず気軽に作成することができますが、偽造や変造、破棄、紛失などの恐れがあります。そうした不安を解消するため、自筆証書遺言の保管制度が創設されました。

　遺言者は法務局（遺言書保管所）に申請を行い、受理した法務局は遺言書の原本を保管し、画像をデータ化します。

　相続発生時に、本来は必要な検認が不要になり、相続人の負担が軽減されるなど、自筆証書遺言作成時には積極的に利用を検討したい制度です。　**検認　P102**　**保管制度の概要　P213**

手続に関係のある用語集

相続人	亡くなった人の遺産を相続する権利のある人。または相続する人。
被相続人	亡くなった人。
被保険者	健康保険や公的年金等に加入し、病気や老齢など、一定の要件に該当するとき必要な給付を受けることができる人。
寡婦(かふ)	夫と死別または離婚した後、婚姻をしていない人。
血族	血のつながりや養子縁組によって発生する親族。
姻族(いんぞく)	婚姻により配偶者と他方の血族との間に生じる関係。
親等(しんとう)	親族関係の遠近を示す等級。親と子を1親等として数える。
遺産・相続財産	亡くなった方が残した財産。分割されるまでの財産を「遺産」、分割後の財産を「相続財産」と区別することもある。
遺産分割協議	相続する財産を具体的に誰にどのように分けるかを相続人全員で話し合って決めること。
遺言	亡くなった方の最終の意思を反映できる文書のこと。法律に従った方式で書かれていることが必要。
遺贈(いぞう)	遺言によって、特定の人に財産を無償で譲与すること。
準確定申告	確定申告の必要な方が亡くなった場合に相続人等が行う所得税の申告手続。
相続税	亡くなった方の財産を相続するときに課税される税金。
贈与税	存命する人から財産をもらったときに課税される税金。
控除(こうじょ)	決まった金額を差し引くこと。
生計を同じくする	日常生活の収支を共にすること。勤務の都合で単身赴任していたり、療養などのために別居している場合でも、一定の要件を満たす場合は生計を同じくするとみなされる。
小規模宅地等(しょうきぼたくちとう)の特例	亡くなった方が住んでいた宅地等の相続税の課税価格を計算する上で、一定の割合を減額することのできる税制上の特例。

第1章

死亡直後の手続について確認しましょう

大切な方が亡くなった
直後に行う手続

　家族など身近な方が亡くなると、まわり
の方々は悲しみに包まれます。
　しかし、そのような中でもすみやかに行
わなければならない手続・届出があります。
　大切な方が亡くなった直後に、最低限行
わなければならないことについて、葬儀・
法要のスケジュールと併せて、この章で確
認しておきましょう。

● 全員に必要なガイダンス ●

亡くなった直後の手続を確認しましょう

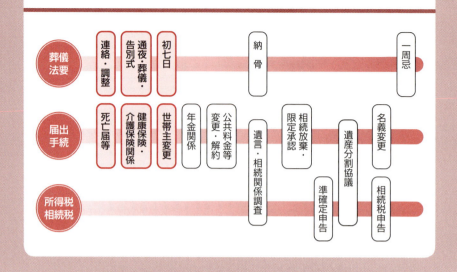

大切な方が亡くなった直後の手続・届出とは？

　大切な方が亡くなった直後の手続・届出は、ほとんどすべての方が共通して行わなければならないものです。

　通夜や葬儀・告別式などを行う場合は、それらの準備や手配、親族や関係者への連絡等をメインに考えることになりますが、関連して行うべき届出・手続についても併せて確認しておく必要があります。

チェック	確認すること・行うこと	手続の期限	リンク
	死亡診断書・死体検案書の手配	すみやかに	P24
	死亡届の提出	7日以内	P26
	火葬許可申請書の提出	死亡届の提出と同時	P28
	年金受給停止の手続	すみやかに	P74
	世帯主変更届の提出	14日以内	P38
	健康保険証の返却・資格喪失届の提出	14日以内（国民健康保険の場合）	P40
	介護保険証の返却・資格喪失届の提出	14日以内	P42
	通夜・葬儀・納骨	―	P30

大切な方が亡くなられた直後の手続・届出のポイント

　手続・届出の中には期限が定められているものがあります。それらについても、葬儀などの手配や準備で慌ただしい中で行うことになります。慌てる必要のない手続はひとまず置いておいて、最低限必要なものだけ確認しましょう。

P12〜15、各章のガイダンスページ

■ 葬儀・法要の一般的なスケジュール

臨終
↓
（近親者への連絡）
↓
遺体の搬送
↓
葬儀等の打ち合わせ
↓
（関係者への連絡）
↓
通夜
↓
葬儀・告別式
↓
出棺・火葬
↓
初七日
↓
納骨　四十九日、一周忌、三回忌…

これらの手配や準備と並行して、死亡届、火葬許可申請書の提出など、各種届出・手続を行うことになります。

第1章　大切な方が亡くなった直後に行う手続

● 全員に必要な手続 ●

死亡診断書・死体検案書を手配しましょう

大切な方が亡くなられたときは、まず、死亡診断書・死体検案書を手配します。

すみやかに

　大切な方が病院や自宅で亡くなられたときは、臨終に立ち会った医師や、死亡を確認した医師から**死亡診断書**を交付してもらいます。診療にかかっていた病気以外の理由により亡くなられたときは、**死体検案書**を交付してもらいます。不慮の事故などにより亡くなられたときは、警察に連絡し、医師（監察医）から**死体検案書**を交付してもらいます。

特殊な場合　P29

　通常、死亡診断書・死体検案書は亡くなったことが判明した日の当日または翌日に交付してもらいます。以後の手続において提出を求められることがありますので、コピーを何枚か取っておくとよいでしょう。

死亡診断書・死体検案書の様式

　死亡診断書・死体検案書の様式は、市区町村役場の窓口で入手できます。死亡届と同じ用紙（Ａ３サイズ横置き）に載っており、左半分が死亡届、右半分が死亡診断書・死体検案書という体裁になっています。

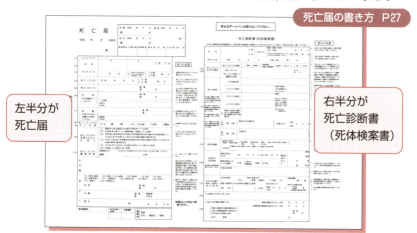

死亡届の書き方　P27

左半分が死亡届

右半分が死亡診断書（死体検案書）

■ 死亡診断書・死体検案書のサンプル

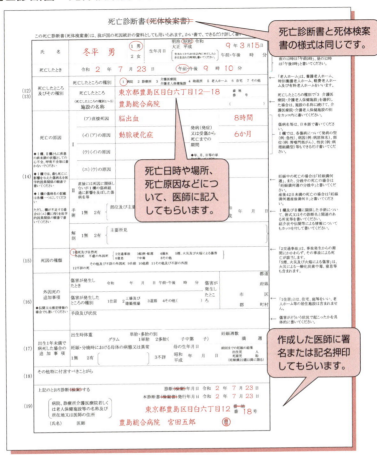

 葬儀社の方は葬儀前後の手続のプロ ･･････････

　一般的には、葬儀社の方が遺族の皆様の使者として死亡届および火葬許可申立書の提出をしてくれることが多いようです。　死亡届 P26

　葬儀社の方は葬儀前後の手続のプロでもあります。当初の手続についてわからないことは葬儀社の方に確認してみるといいでしょう。

葬儀社の選び方 P34

02 死亡届の提出をしましょう

●全員に必要な手続●

死亡届の提出は、死亡診断書（死体検案書）を手配してから行います。

7日以内

死亡診断書または死体検案書の手配ができたら、市区町村役場に死亡届を提出します。　死亡診断書・死体検案書 P24　年金受給権者死亡届 P74

死亡届の提出

提出先は、①亡くなった方の死亡地、②亡くなった方の本籍地、③届出をする方の所在地いずれかの市区町村役場です。

死亡届は、親族、同居者、家主、地主、後見人などが、亡くなった事実を知った日から7日以内（国外で亡くなったときは、その事実を知った日から3か月以内）に行わなければならないとされています。

■ 死亡届の提出前後の流れ

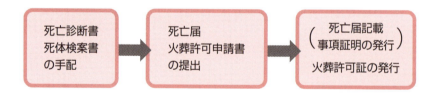

■ 死亡届の提出方法

提出先	故人の死亡地、本籍地等の市区町村役場窓口
提出できる人	親族、同居者、家主、地主、後見人など
必要なもの	死亡診断書または死体検案書、印鑑
手数料	手数料はかかりません
留意点	火葬許可申請書 P28 と同時に提出しましょう

■ 死亡届の書き方

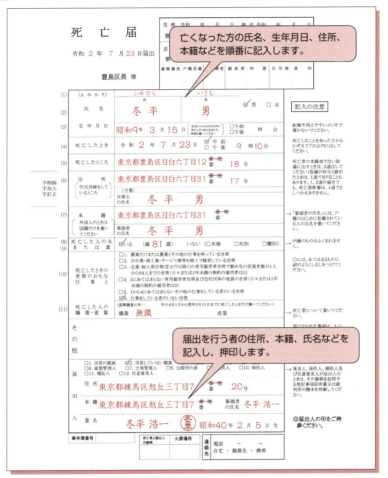

ポイントメモ　死亡届の記載事項証明書

　手続によっては、死亡届の記載事項証明書の提出を求められることがあります。必要な場合は、**本籍地または死亡届を提出した市区町村役場**（約1か月（死亡届を提出した市区町村役場が本籍地でない場合は約1年）を過ぎた場合は**管轄の法務局**）に申請を行いましょう。

03 火葬許可申請書の提出をしましょう

●全員に必要な手続●

死亡届と同時に、火葬許可申請書を市区町村役場に提出します。

7日以内

　埋葬・火葬を行うためには、原則として死亡届と同時に、火葬許可申請書を市区町村役場に提出する必要があります。

火葬許可申請書の提出

　火葬許可申請書は、通常、死亡届と同時に提出します。市区町村役場での処理が終わると**火葬許可証**が交付されます。

　なお、火葬は、原則として死後24時間を経過した後でなければ行うことができません。また、多くの火葬場は友引がお休みとなっているので、日程調整をするにあたり考慮に入れておきましょう。火葬が行われると、火葬場から埋葬許可証が交付されます。

葬儀・告別式　P33

■ 埋葬までの一般的な流れ

市区町村役場に火葬許可申請 → 火葬許可証の交付 → 火葬場に火葬許可証の提出 → 埋葬許可証の交付 → 墓地に埋葬許可証の提出

■ 火葬許可申請書の提出方法

提出先	死亡届を提出する市区町村役場窓口
提出できる人	死亡届を提出する人など
必要なもの	死亡届、印鑑、申請書（窓口で入手します）
手数料	申請時に所定の火葬料を支払う場合あり
留意点	死亡届と同時に提出しましょう

死亡届　P26

■ 火葬許可申請書の書き方

死体火葬許可申請書

（火葬場使用許可申請書）

> 亡くなった方の氏名、生年月日、住所、本籍などを順番に記入します。

死亡者の本籍	東京都豊島区目白六丁目31番
死亡者の住所	東京都豊島区目白六丁目31番17号
死亡者の氏名	冬平　勇
性　　別	男
生 年 月 日	昭和9年3月15日
死　　因	1　一類感染症等　②　その他
死亡年月日時	令和2年7月23日午前9時10分
死亡の場所	東京都豊島区目白六丁目12番18号
火葬の場所	目白斎場
火葬実施日時	令和2年7月26日午前11時30分
使 用 区 分	使用料 25,000 円
申請者住所、氏名及び死亡者との続柄	東京都練馬区旭丘三丁目7番20号 冬平　浩一　㊞　続柄　長男

令和2年　7　月　23　日

豊島区長

> 届出を行う者の住所、氏名などを記入し、押印します。

> 埋葬許可申請書が、火葬許可申請書と一体となっているもの、火葬場使用許可申請書を兼ねているものなど、市区町村により様式が異なります。申請する市区町村役場の窓口で確認しましょう。

第1章　大切な方が亡くなった直後に行う手続

コラム　●特殊な死亡の場合の届出

　海外で亡くなった場合は、原則として、現地の医師に死亡診断書を書いてもらい、大使館や領事館に死亡届を提出します。

　死産の場合は、医師または助産師に死産証書を書いてもらい、市区町村役場に死産届を提出します。妊娠12週以降の流産も同様です。

29

04 葬儀・納骨の手配をしましょう

●全員に必要な手続●

通夜や葬儀、納骨など、日本で主流な仏式の大まかな流れをここで確認しておきましょう。

すみやかに

　通夜、葬儀、納骨…。大切な方が旅立たれたその瞬間から、これらを限られた時間の中で手配する必要があります。慌てずに滞りなく進められるよう、大まかな流れをあらかじめ把握しておくと安心です。

葬儀・法要の基本　Q＆A

（1）葬儀・法要の方法は？

　葬儀・法要の方法は、それぞれの**宗教**（仏式、神式、キリスト教式など）によって異なります。また、ひとくちに仏式といっても**宗派**による違いもありますので注意しましょう。この本では一般的な仏式の方法について説明しています。

（2）喪主とは？

　遺族を代表して葬儀を執り行う者のことを**喪主**といいます。葬儀の具体的な進行は葬儀社の方や世話役の方に任せ、事前の段取りなどについての意思決定、会葬者、弔問客や僧侶への挨拶、応対などを行います。

（3）誰にいつ連絡するの？　　　エンディングノートの活用　P216

　危篤状態になったら、家族や血縁の濃い親族、親しい友人、関係者などに知らせましょう。亡くなった後の連絡のタイミングや連絡する範囲については、家族・親族と相談しながら決めるとよいでしょう。

（4）法要のスケジュール

　一般的な仏式の法要は、初七日、四十九日、一周忌、三回忌（満2年）、七回忌（満6年）…という流れで行うことが多いです。地域や慣習、宗派などによっても異なります。家族・親族とも相談し、行う法要やそれぞれの規模、連絡する範囲などを決める必要があります。

| コラム | ● 葬儀にかかる費用 |

実際に葬儀を行うと、どれくらい費用がかかるのでしょうか。いざというときに備えてイメージしておきましょう。

葬儀にかかる費用は、大きく３種類に分けることができます。

①葬儀本体にかかる費用（葬儀一式費用）

棺や祭壇などの仏具、式場の設営や運営にかかる人件費、式場の費用、火葬場に支払う費用、寝台車や霊柩車での搬送など、葬儀社による一連のサービスにかかる費用です。

②寺院などにかかる費用

お経をあげてもらったり、戒名をつけてもらったりすることについてのお布施です。宗派や寺院などにより金額は大きく異なります。

③飲食接待などにかかる費用

通夜や告別式の後の料理（通夜振る舞い、精進落としなど）の代金です。葬儀に参列された方への会葬御礼や、香典を頂いた方への御礼（香典返し）などにかかる費用も考慮する必要があります。

葬儀社や葬儀の規模などによって金額も変わってきます。あらかじめ資料や見積書を気になる葬儀社から取り寄せ、比較するのが望ましいです。その時になって慌てることのないよう、葬儀費用をどのように準備するかということは、なるべく具体的に考えておくとよいでしょう。

預貯金の払戻し制度 P46　　生命保険の活用 P223

■ **葬儀費用の平均額**

	葬儀一式費用	寺院費用	飲食接待費用	合計
全国平均額	121.4万円	47.3万円	30.6万円	195.7万円

一般財団法人日本消費者協会第11回「葬儀についてのアンケート調査」より
各項目は平均額で、３項目の合計と葬儀費用の合計は一致しません。

葬儀・法要の一般的な流れ

（1）臨終

入院していた場合は、医師から死亡の事実が告げられます。自宅で危篤または死亡した場合は、かかりつけの医師に来てもらうか、救急車を呼びます。（特に持病がなく突然死、事故などの場合は、すみやかに警察に連絡します。）親族などにはこの時点で連絡することが一般的です。菩提寺がある場合は、なるべく早めに連絡しておくとよいでしょう。

（2）遺体の搬送

病院で亡くなった場合は、霊安室に安置されます。病院からはすみやかな**搬送**が求められますので、**自宅など安置場所への搬送**の手配をしなければなりません。葬儀社に連絡し、搬送の手配をしましょう。

なお、その後の葬儀などを依頼する葬儀社をその場で決められない場合は、ひとまず搬送のみを依頼するようにするとよいでしょう。

一般的には、搬送までの間に退院手続（入院費用の精算など）を行い、医師に死亡診断書を作成してもらいます。

死亡診断書 P24　　葬儀社の選び方 P34

（3）葬儀等の打ち合わせ

安置が済んだら葬儀社と通夜や葬儀・告別式についての具体的な打ち合わせを行います。喪主や世話役などを決め、日時や斎場、式の内容などを決めていきます。葬儀・告別式の概要が決まったら、勤務先や関係者、近隣の方などにも連絡します。

死亡届 P26

（4）通夜

通夜とは、本来、親族など亡くなられた方と関係の深かった方のみが集まり、葬儀の前に一夜を通してお別れを惜しむ式のことでした。最近

では仮通夜と本通夜に分け、本来の通夜は**仮通夜**として行い、友人や知人などの弔問を**本通夜**で受けるという形式が増えています。

また、夜通しではなく1〜2時間程度で行う**半通夜**も増えています。

（5）葬儀・告別式

一般的に**葬儀**とは、亡くなった方を送る儀式のことで、**告別式**は、友人や知人なども含めた会葬者が亡くなられた方とのお別れをする式のことをいいます。ただし、宗旨・宗派によって違いがあります。また、それぞれの宗旨・宗派によって葬儀・告別式の方法も異なります。

葬儀・告別式を終えたら出棺し、火葬場で火葬されます。火葬の際には**火葬許可証**が必要になります。

火葬許可証　P28

火葬を終えたら骨上げ・拾骨を行い、火葬場から埋葬許可証を交付してもらいましょう。その後、遺骨迎え・精進落としを行います。

（6）納骨

仏式では、すでにお墓がある場合には四十九日あたりで納骨を行うことが一般的です。納骨の時期について、特に期限があるわけではありませんが、遅くとも一周忌あたりまでに行うことが多いようです。

お墓がない場合は、お墓の購入も検討する必要があります。また、お墓を管理する親族などがいない場合は、お寺や霊園が永代にわたって供養と管理を行う**永代供養**という方法もあります。

改葬　P36

様々な形式・流れ

このような一般的な通夜、葬儀・告別式という形式以外にも家族葬、密葬など様々な形があります。最近では（故人の遺志等により）通夜や葬儀・告別式などを行わず、火葬のみを行う**直葬**という方法も増えてきています。

| コラム | 葬儀社の選び方 |

　様々な事情から多少前後することはありますが、通夜は一般的に亡くなった日の翌日に、葬儀・告別式は通夜の翌日（通夜の翌日が友引の場合はその翌日）に行うことが多いです。何も準備をしていない場合、大切な方が亡くなった直後から通夜や葬儀・告別式の手配に追われることになります。その中でもっとも重要なことの一つが葬儀社の手配です。

　準備をしていない場合は、限られた時間の中で判断することになりますので、後日トラブルに発展してしまうケースも少なくありません。

【葬儀社との間のトラブルの例】
- NG 強引な勧誘
- NG 不明瞭な請求
- NG 説明のない追加請求
- NG 高額請求
- NG 説明とサービスの違い（虚偽説明）

　このようなトラブルを防ぐには、資料や見積書を複数の葬儀社から取り寄せ、セットプランに含まれるものや含まれないもの（追加料金がかかるもの）などを比較するのがもっとも有効な方法です。そこまでできない場合でも、最低限、下記のような点に注意するとよいでしょう。

【一般的な注意点】
- ◎費用について見積書を提示し、細かい点まで説明してくれるか。
- ◎質問に対し、親身になって丁寧に答えてくれるか。
- ◎強引に契約を迫ってこないか。望まないオプションやサービスを強くすすめてこないか。
- ◎地元の方などの評判がよいか。
- ◎小規模な葬儀を希望しても丁寧に対応してくれるか。

病院には提携している葬儀社があることが多いですが、病院から紹介される葬儀社が必ずしもこれらの要件を満たしているとは限りません。亡くなってからの準備はどうしても制限がありますので、どのような規模で葬儀を行ってほしいかなど、生前に家族同士で確認しておいたり、自らの死後についての希望などを書いた**エンディングノート**を残し合うという方法が非常に効果的です。

> エンディングノート　P216

■ 一般的な葬儀以外の葬儀の種類

　現在は、葬儀の種類も多様化しています。

家族葬	親族や親しい友人などのみで行う葬儀。
一日葬	通夜を行わず告別式と火葬のみを行う。
直葬	火葬のみを行う。

※ほかに、社葬、自宅葬、密葬、生前葬、自然葬などがあります。

■ 代表的な葬儀社の種類

　ひとくちに葬儀社といってもその種類は様々です。

葬儀専門業者	大小様々な業者が存在し、専門業者といってもサービスの質はそれぞれである。
冠婚葬祭互助会	生前に掛金を積み立て、葬儀費用に充てることができる。解約時には手数料がかかることが多い。互助会によりサービスが異なる。
JA （農業協同組合）	地域に根づいており、組合員でなくても利用できることが多い。JAによっては葬儀社の紹介や葬儀社への業務委託を行うところもある。
生協 （生活協同組合）	明朗な料金体系で、葬儀社と提携してサービスを提供する。基本的には組合員が対象。
異業種からの 参入業者	主にインターネットで情報を提供し、申込みなどを受け付ける。自社でサービスを提供しない紹介業者も多い。

第1章　大切な方が亡くなった直後に行う手続

35

● 該当する方に必要な手続 ●

05 お墓を移したい（改葬したい）とき

もともと存在するお墓を新しい場所に移す際の手続について確認しましょう。

必要に応じて

　故郷から遠く離れて生活しているなどの理由で、もともとあったお墓を別の新たな場所へ移すことを**改葬**といいます。改葬を行う場合は、新旧の墓地管理者との交渉や手続だけではなく、市区町村役場での手続も必要です。本来はそれほど急ぐ手続ではありませんが、一般的な流れをここで確認しておきましょう。

葬儀・法要 P30

（1）受入証明書（使用許可証）の交付

　改葬をしたい場合はまず新しい墓地を用意し、新しい墓地の管理者から**受入証明書（墓地の使用許可証）**を交付してもらいます。

（2）改葬許可申請書の準備

　次に現在のお墓がある市区町村役場で**改葬許可申請書**を受け取りましょう。その上で、現在のお墓の管理者の理解を得て、現在のお墓の管理者から**埋蔵証明書**に記名押印をもらいます。埋蔵証明書は改葬許可申請書と一体になっていることもあります。また、場合によっては（1）の前に（2）を行うこともあります。

（3）改葬許可書の交付

　埋蔵証明書に記名押印をもらったら、改葬許可申請書を現在の墓地のある市区町村役場に提出し、**改葬許可書**を交付してもらいましょう。

（4）改葬許可書の提出

　改葬許可書を新しい墓地の管理者に提出すれば手続は完了です。新しい墓地への納骨を行いましょう。

石塔の持ち込みを想定している場合は、持ち込みの可否について、新しい墓地の管理者に事前に確認しておきましょう。

■ 改葬許可申請書の書き方

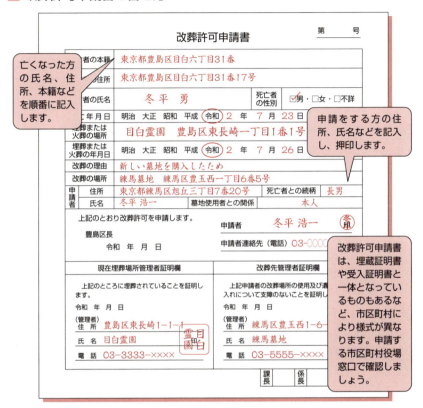

 お墓の管理者との調整

　改葬にあたっては、市区町村役場での手続だけではなく、新旧のお墓の管理者や親族との調整が必要です。亡くなった方のためにも、円滑に手続を進めたいものです。現在のお墓の管理者には誠意をもって改葬の理由等を説明し、これまでの感謝の意を伝えるようにしましょう。

　それでも万が一、お墓の管理者から離檀料や寄付金などの名目で、納得できない高額な金員を請求されてしまった場合は、弁護士や市区町村役場の消費生活センターなどの相談窓口に相談してみましょう。

● 該当する方に必要な手続 ●

06 世帯主を変更したいとき

世帯主が亡くなった場合に必要な世帯主の変更や住民票関係の手続について確認しましょう。

14日以内

　世帯主が亡くなり、残る世帯員が２人以上（配偶者以外の者が新たに世帯主になる等）の場合は、世帯主に変更が生じた日から14日以内に**世帯主変更届（住民異動届）**を提出して住民票の世帯主を変更する必要があります。

　残された世帯員が１名の場合や、妻（母）と幼い子というように新しい世帯主が明白な場合、また、亡くなった方が世帯主ではなかった場合は届出の必要はありません。なお、亡くなった方は、死亡届の提出により戸籍に「死亡」の旨が記載され、住民票が消除されます。

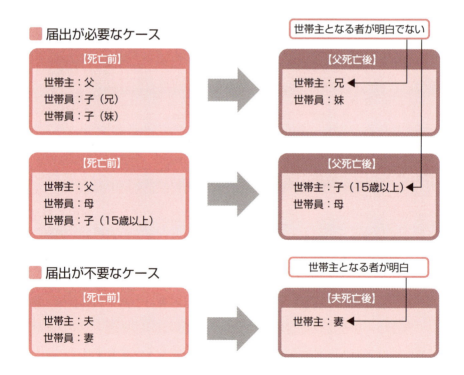

世帯主変更届(住民異動届)の書き方

亡くなった方が世帯主だった場合、通常、世帯主変更届(住民異動届)を死亡届の提出と一緒に行います。様式は転居や転入などの際に提出する住民異動届と同一の用紙であることが多いです。

死亡届 P26

■ 世帯主変更届(住民異動届)の書き方

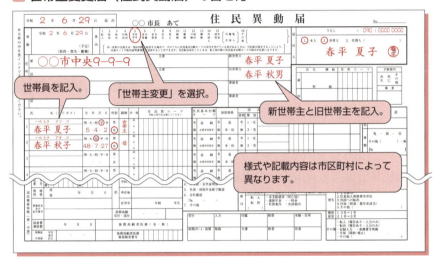

■ 世帯主変更届(住民異動届)の提出方法

提出先	故人が住んでいた市区町村役場の窓口
届出人	新世帯主または同一世帯の方もしくは代理人
必要なもの	・届出書(窓口で入手します) ・国民健康保険被保険者証(加入者のみ)　健康保険証 P40 ・運転免許証等の本人確認資料 ・委任状(代理人の場合)、印鑑　など
留意点	完了したら住民票の写しを取得し、念のため内容を確認しましょう。　住民票の写し P114

● 全員に必要な手続 ●

健康保険の資格喪失の手続をしましょう

被保険者が亡くなった場合は、資格喪失の手続をし、健康保険証等を返却しましょう。

国民健康保険 14日以内
健康保険(会社員等) 5日以内

健康保険の被保険者が亡くなった場合、被保険者としての資格を失うため、健康保険被保険者証（健康保険証）は死亡した翌日から使えなくなります。資格喪失の手続をし、健康保険証等を返却しましょう。その際、葬祭費等の請求を併せて行うとスムーズです。

葬祭費の請求 P56

国民健康保険または後期高齢者医療制度に加入していた場合

亡くなった方が自営業者などであった場合は**国民健康保険資格喪失届**を、75歳以上（65～74歳で障害のある方を含む）であった場合は**後期高齢者医療資格喪失届**を、世帯主等が提出し、併せて健康保険証等を返却します。

■ 国民健康保険被保険者証などの返却方法

返却先	故人が住んでいた市区町村役場の窓口
提出書類	国民健康保険資格喪失届または後期高齢者医療資格喪失届 （窓口で入手します。ウェブサイトからのダウンロードにより入手できる自治体もあります）
返却物	・国民健康保険被保険者証（世帯主死亡の場合は世帯全員分） ・国民健康保険高齢受給者証（対象者） ・後期高齢者医療被保険者証（対象者）
自治体や状況により必要なもの	・死亡を証明する書類（火葬許可証、死亡診断書等） ・マイナンバーがわかるもの（マイナンバーカード等） ・印鑑 後期高齢者医療の対象者については、以下が必要になることがあります。 ・相続人の印鑑、預金通帳 ・限度額適用・標準負担額減額認定証 ・特定疾病療養受療証

自治体や被保険者の状況により必要書類や手続が異なる場合があります。詳しくは各自治体の担当窓口にお問い合わせ下さい。

※亡くなった方が世帯主でそのご家族も国民健康保険に加入していた場合、健康保険証の返却の際に、世帯主を書き換えて新しい健康保険証を発行してもらう必要があります。

住民票の世帯主変更 P38

国民健康保険以外の健康保険(会社員等)に加入していた場合

　亡くなった方が会社員等であった場合は、**健康保険・厚生年金保険被保険者資格喪失届**を年金事務所に提出して資格を喪失する必要があります。基本的には会社側で様々な退職手続と一緒に行ってくれることが多いので、残された家族は会社の担当者に確認しましょう。健康保険証は会社が代行してくれる場合は会社を経由して返却します。やむを得ない理由により直接返却する場合は、会社の住所がある各都道府県の協会けんぽ、会社が健保組合に加入していた場合はその健保組合に返却します。
※健康保険証に保険者（協会けんぽ等）の名称、住所の記載があります。

会社員の死亡退職に関する手続

　会社員が在職中に亡くなった場合は、通常、死亡した日が退職日となり、健康保険と厚生年金保険の資格はその翌日に喪失となります。

■ 退職手続のチェックリスト

チェック	確認すること
	健康保険被保険者証の返却
	社員証（身分証明書）の返却
	死亡退職届の提出
	その他会社から貸与を受けていた物の返却
	未払い給与、退職金、社内預金、自社持ち株等の精算
	会社が求める書類（遺族厚生年金等の手続を会社がする場合等）の提出

 扶養に入っていた方に必要な手続

　亡くなった方の健康保険の扶養に入っていた方は、死亡日（退職日）の翌日に健康保険と厚生年金保険の資格を喪失しますので、今まで使用していた健康保険証が使用できなくなります。そして、亡くなられた方の健康保険証と一緒にご自身の健康保険証も返却しなければなりません。その後はご自身で国民健康保険と国民年金に加入するか、会社員である他の家族の被扶養者になる手続をする必要があります。

08 介護保険の資格喪失の手続をしましょう

●該当する方に必要な手続●

65歳以上または40歳以上65歳未満で要介護認定を受けていた時は資格喪失届と被保険者証の返却が必要です。

14日以内

　介護保険は、40歳になった月（誕生日の前日）から死亡した日の翌日の前月まで保険料の納付義務が発生します。

　65歳以上の方、または40歳以上65歳未満で要介護認定を受けていた方が亡くなった場合は、介護保険の資格喪失の手続をし、被保険者証等を返却しましょう。40歳以上65歳未満で要介護・要支援の認定を受けていない方は資格喪失の手続は不要です。

■ 介護保険被保険者証などの返却方法

返却先	故人が住んでいた市区町村役場の窓口
提出書類	介護保険資格取得・異動・喪失届（窓口で入手します。ウェブサイトからのダウンロードにより入手できる自治体もあります。）
返却物	・介護保険被保険者証・介護保険負担限度額認定証（対象者）
自治体や状況により必要なもの	・死亡を証する書面 ・納付書や督促状（未納があった場合） ・相続人の印鑑、預金通帳

自治体や被保険者の状況により必要書類や手続が異なる場合があります。詳しくは各自治体の担当窓口にお問い合わせ下さい。

 **保険料の清算**

　亡くなった方の後期高齢者医療制度や介護保険制度の保険料は、再計算され、未納があった場合は相続人に請求がされ、納めすぎていたときは、還付金として相続人に還付されます。保険料が年金から特別徴収されていた場合は、日本年金機構などに必ず死亡届の手続を行いましょう。2年以上届出をしないと還付金の請求権がなくなることもあります。

■ 被保険者の種類

区分	第1号被保険者	第2号被保険者
年齢	65歳以上の人	40歳以上65歳未満の医療保険加入者
介護保険サービスを利用できる人	要介護・要支援認定を受けた人	16の特定疾病※が原因で要介護・要支援となった人
保険料	原則1割（所得に応じて2～3割）	加入している医療保険の算定方法に基づく

※末期がん、関節リウマチ、骨折を伴う骨粗鬆症、初老期における認知症、パーキンソン病関連疾患、脊柱管狭窄症、糖尿病性神経障害・糖尿病性腎症および糖尿病性網膜症、脳血管疾患、閉塞性動脈硬化症、慢性閉塞性肺疾患など

高額介護サービスの請求をしましょう

　介護保険サービス利用料は上限が設けられており、同じ月に一定の上限を超えたときは、申請をすると「高額介護サービス費」として払い戻しがされます。利用者本人が亡くなってしまった場合には、相続人が申請すれば高額介護サービス費を受け取ることができます。該当しそうな場合は、被保険者証の返却の際に手続について確認をしてみるといいでしょう。

 役所での手続について

　第2章以降でも触れますが、身近な人が亡くなった後に役所で行う手続や届出は多種にわたります。この本では一般的な手続・届出に絞って案内していますが、亡くなった方の状況や利用していた公共サービスなどによっては他にも細かな手続・届出が必要になることもあります。

　自治体によっては亡くなった方のご家族のための専門窓口を設置しているところもありますが、設置されていない場合は、各手続の際に「他に必要になりそうな手続はないか」確認してみるとよいでしょう。

　また、役所に行く際は、亡くなった方の健康保険証や介護保険証、手当の受給者証、手帳などの証明書類、自治体発行のカードや郵便物など、手元にある関係がありそうな書類等を一式持っていくとよいでしょう。

確認しておきましょう ▶ 手続に必要となる証明書

相続手続で必要になる証明書について簡単に確認しましょう。

今後行うことになる様々な手続の中で、亡くなられた方やご家族の方、または、相続人の方に関する証明書が数多くの場面で求められます。詳しくは第4章で改めて説明をしますが、ここで、必要になる可能性のある各種証明書について簡単に確認しておきましょう。

戸籍（除籍・改製原戸籍）謄本　　　　　　　　　　　戸籍　P106

ほとんどの相続手続において提出を求められるのが戸籍謄本（戸籍全部事項証明書）です。同じ戸籍内にその本籍地において生存している者が誰もいない戸籍は除籍謄本（じょせきとうほん）（除籍全部事項証明書）と呼ばれます。

また、法改正により戸籍が新しくつくられることがあります。このときの改製前の戸籍を改製原戸籍謄本（かいせいはらこせきとうほん）（※）と呼びます。戸籍謄本等は、本籍地のある（あった）市区町村役場で取得することができます。

「誰の」「どのような」証明が求められているか、ということを意識すると準備しやすいでしょう。

法定相続情報証明制度　P110

※「かいせいげんこせきとうほん」とも読みます。

■ 一般的に提出を求められる戸籍（除籍・改製原戸籍）謄本

誰の	どのような戸籍	提出を求められる理由
亡くなった方の	戸籍（除籍）謄本	亡くなられた事実や亡くなられた日を証明するため。
亡くなった方の	出生までさかのぼる除籍・改製原戸籍謄本	具体的に誰が相続人になるのかを証明するため（他に相続人がいないことを証明するため）。
相続人の	戸籍謄本	相続開始時点で相続人が生存していて、相続の権利があることを証明するため。

住民票（除票）の写し　　住民票 P114　不動産登記 P152

　亡くなった方の最後の住所地を確認したり、住所変更の経緯を確認したりするために、**住民票の写し**の提出が求められることがあります。

　住民票に記載されていた者が全員消除されている場合は、**住民票の除票**と呼ばれます。また、住民票の写しのみでは住所変更の経緯が確認できない場合、**戸籍（除籍）の附票の写し**が求められることもあります。

印鑑証明書　　印鑑証明書 P115

　遺産分割協議書や相続届など、相続人が実印を押印した書面の提出を求められることがあります。それらの書面への押印が実印でなされていることを証明するために、併せて**印鑑証明書**の提出も求められます。

　このときに提出する印鑑証明書は6か月以内のものであることなど、期限が定められていることがほとんどです。先に印鑑証明書以外の書類をそろえておくなど、効率よく取得するようにするとよいでしょう。

ポイントメモ　原本の提出が必要？

　亡くなられた方の出生までさかのぼる戸籍謄本等を取得していくと、結構な通数になってしまうことがあります。手続をする窓口ごとに原本を提出するとなると、費用（手数料や郵送費）もかかります。戸籍謄本等の提出が必要な場合は、原本を返してもらうことができるかどうか、各窓口に事前に確認しておくとよいでしょう。

　また、戸籍謄本等に代えて、認証文のついた法定相続情報一覧図の写しの提出で足りるとする法定相続証明情報制度も便利な制度です。事情に応じて利用を検討してみましょう。　　法定相続情報証明制度 P110

コラム ● 預貯金の払戻し制度と葬儀費用

　銀行や信用金庫など、金融機関に預貯金の口座を持っていた方が亡くなった場合、その旨を金融機関に伝える必要があります。

　口座の名義人が亡くなったことを金融機関に知らせると、亡くなった方名義の口座は凍結されます。凍結されると、たとえ配偶者や子でも、故人口座からの払戻しなどはできなくなります。**金融機関の手続　P140**

　そのため、遺産分割が終了するまで故人の口座から払戻しが受けられず、「葬儀費用や相続債務の支払いができない…」という困った事態に陥ってしまうことがあります。

　このような事態に対応できるよう、法改正により、預貯金が遺産分割の対象となる場合に、各相続人は遺産分割が終わる前でも一定の範囲で預貯金の払戻しを受けられるようになりました。

　「相続開始時の預貯金額（口座基準）× 1 / 3×法定相続分（１つの金融機関につき上限150万円）」までは、必要な書類を揃えることで単独で払戻しを受けることができます。また、上記の金額を超える資金需要があり、一定の要件を満たす場合には、家庭裁判所に申立てを行い、審判を得られれば、単独で払戻しを受けられます。

　ただ、いずれも必要書類の収集などに相応の時間がかかることには注意が必要です。**書類収集　P44**

　このとおり法改正もありましたが、可能であれば葬儀費用は相続人側で用意できるよう準備しておくと安心です。**生命保険の活用　P223**

　また、相続の開始前後に、本人以外の者が勝手に本人の預貯金を引き出してしまうと、場合によっては後日、使い込みや横領の疑いをかけられる可能性があります。この点にも注意しておきましょう。

第2章

少し落ち着いてからでも間に合う届出・手続です

落ち着いたら行う
諸届、諸手続

　身近な方が亡くなると、悲しむ間もなくやるべきことが押し寄せて、慌ただしく日々が過ぎていきます。

　その後少し落ち着くと、改めて大切な人を失った寂しさを実感するでしょう。そのような気持ちと向き合いつつも、少しずつ順番に進めていきたい手続を、この章で確認しておきましょう。

● 全員に必要なガイダンス ●

落ち着いたら行う手続・届出を確認しましょう

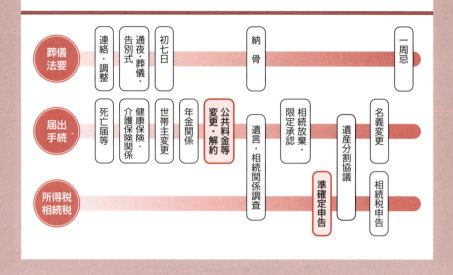

落ち着いたら行う手続・届出とは？

　第1章で確認した手続・届出の他にも、行わなければならない手続・届出があります。特に急ぐ必要はありませんが、期限が定められている手続・届出もあります。少し落ち着いたら、以下の手続・届出の中から該当するものを探し、順番に行っていきましょう。

チェック	内容	手続	手続先	参照
	電気・ガス・水道・NHK	変更・解約	各社	P50
	携帯電話・インターネット	解約	各社	P50
	NTTの固定電話	相続	NTT	P50
	運転免許証	返納も可	警察署	P51
	パスポート	届出	パスポートセンター	P51
	クレジットカード	解約	各社	P51
	マイナンバーカード	返納も可	市区町村	P51

■ 期限に注意が必要な手続一覧表

チェック	内容	期限	手続先	参照
	故人の所得税の準確定申告	4か月	税務署	P52
	葬祭費・埋葬料の請求申請	時効2年	市区町村	P56
	高額療養費の払い戻し申請	時効2年	健康保険による	P60
	名字を婚姻前に戻す届出	—	市区町村	P62
	姻族関係を終わらせる届出	—	市区町村	P65
	故人の事業を引き継ぐ申請	原則4か月	税務署	P67

落ち着いたら行う手続・届出のポイント

(1) 手続の優先順位

　例えば、故人の所得税の申告や事業を引き継ぐ手続は、いつまでに行わなければならない、という期限が定められています。該当する方は、これらの手続については優先して行う必要があるでしょう。

準確定申告 P52　　青色申告承認申請 P67

　逆に、ご自身や子の名字をどうするか、という問題や、配偶者の親族との姻族関係をどうするか、という問題など、手続に期限が定められていないものについては、時間をかけてじっくり考えてから決断し、手続を行ったほうがよいでしょう。

復氏届 P62

(2) 故人が受けていたサービスの解約

　公共料金や故人が受けていたサービスについて、それらを利用することがなくなるために解約する場合は、発生する費用等の兼ね合いから、なるべくすみやかに手続・届出を行ったほうがよいでしょう。ちなみに、これまで支払っていたものを確認するには、故人の通帳や郵便物をチェックする方法が一般的です。

解約 P50

● 該当する方に必要な手続 ●

 公共料金の解約・変更手続をしましょう

「いつまでに」という期限はありませんが、
できるだけ早めに手続をしておきましょう。

すみやかに

銀行が亡くなった方の口座を凍結すると、公共料金等の自動引落としができなくなります。すみやかに各種変更の手続をしておきましょう。

金融機関の手続　P140

電気・ガス・水道・NHK

公共料金の解約や契約者変更の手続は、電話やインターネットで行えます。また、亡くなった方の口座やクレジットカードは使えなくなるため、口座振替やカード払いだった場合は支払方法の変更手続も必要です。

サービスセンターなどに連絡し、必要書類を送ってもらいましょう。

携帯電話・インターネット

亡くなった方の携帯電話の契約はそのまま引き継ぐこともできますが、解約することのほうが多いと思います。電話機本体と、死亡の事実が確認できる戸籍謄本等を窓口へ持参すれば、解約手続ができます。手数料はかかりませんが、解約日までの料金を請求されるため、気になる場合は早めに解約手続をしたほうがよいでしょう。

インターネットプロバイダーの解約は、電話やインターネットで手続が可能なこともありますので、早めに電話などで確認してみましょう。

ＮＴＴの固定電話

電話加入権という財産を、相続する手続が必要です。戸籍謄本等を添付すれば、郵送で手続が可能です。電話加入権には相続税もかかります。少額ですが、申告の際には注意しましょう。

相続財産　P97

● 該当する方に必要な手続 ●

02 免許証・カード等の返却手続をしましょう

紛失して第三者に悪用されることのないように、
早めに解約・返却手続をしておきましょう。　　すみやかに

　亡くなった方が所持していた運転免許証、パスポート、マイナンバーカード、クレジットカードはどうすればよいでしょうか。

運転免許証

　亡くなった方の運転免許証は、あえて返納手続を行わなくても、更新手続を行わなければ自動的に失効します。紛失による悪用などが心配な方は、運転免許証と死亡の事実が確認できる書類（死亡診断書のコピーなど）を窓口へ持参すれば、免許証を無効にすることもできます。

パスポート

　亡くなった方のパスポートと死亡した事実が確認できる書類を持参し、最寄りのパスポートセンターに届け出ます。パスポートの有効期間が切れている場合には、死亡の事実が確認できる書類は必要ありません。

クレジットカード

　手続の方法はカード会社により異なるため、電話で問い合わせ、必要な書類をそろえましょう。ただし、カードを解約しても故人が使用したカードの未払金は、原則として相続人が支払わなければなりません。利用明細が気になる場合は、情報を開示してもらうとよいでしょう。

相続財産 P97

マイナンバーカード（通知カード）

　死亡届を提出するとマイナンバーは自動的に失効しますので、マイナンバーカードや通知カードを返納する必要はありません。

第2章　落ち着いたら行う　諸届、諸手続

51

● 該当する方に必要な手続 ●

03 故人の所得税の申告手続をしましょう

相続税の申告より先に、故人の所得税の申告や納税が必要になることがあります。

4か月以内

確定申告の必要な方が年の途中で亡くなると、相続人や包括受遺者（包括遺贈を受ける者）は亡くなった方の代わりに所得税の**準確定申告**を行う必要があります。

所得税の準確定申告

通常は1月1日から死亡日までについて、亡くなった年分の申告を行います。また、確定申告の必要な人が3月15日までに亡くなり、前年分の確定申告をしていなかった場合は、前年分の申告も必要です。期限はどちらも**相続の開始があったことを知った日の翌日から4か月以内**です。通常の確定申告とは期限が異なりますので注意しましょう。

申告書類や記載の方法は、相続人や包括受遺者全員の氏名を記載した「付表」が必要なケース以外は、通常の確定申告とほぼ同じです。

準確定申告が必要な（または申告すると還付が受けられる）ケース

- 個人で事業を行っていた、不動産を賃貸していた
- 公的年金を受給していた、多額の医療費を支払った
- 2か所以上から給与をもらっていた
- 給与や退職金以外の所得がある　など

 **所得が公的年金しかなかった場合**

公的年金等による収入が400万円以下で、他の所得も20万円以下しかない場合、確定申告の必要はありません。年金の源泉徴収票は、死亡届を提出した家族宛に自動的に送付されます。

■ 所得税の準確定申告書（第1表）の書き方（相続人等が2人以上の時）

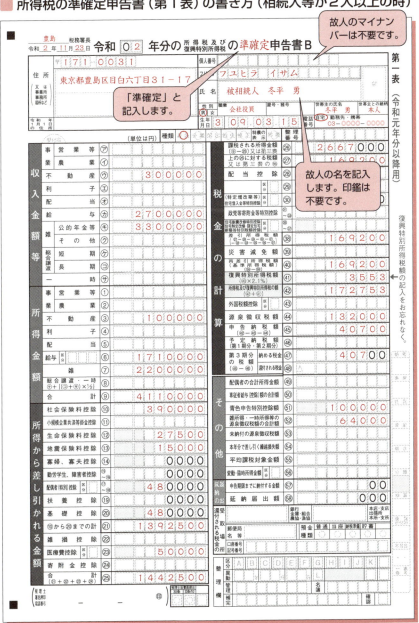

所得税の準確定申告書（第2表）の書き方（相続人等が2人以上の時）

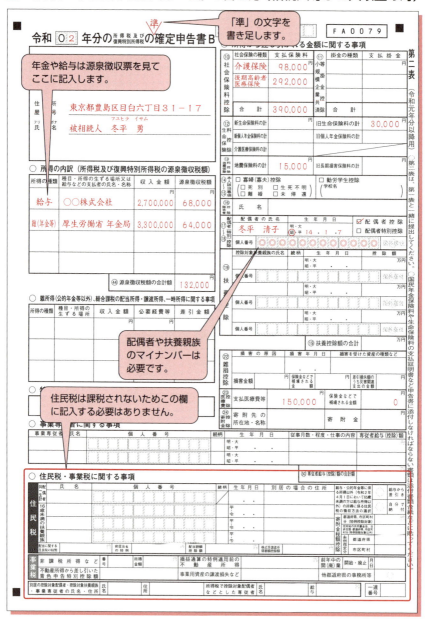

■ 死亡した者の所得税の確定申告書付表の書き方

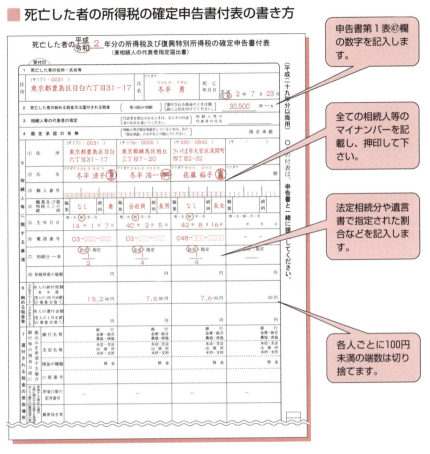

■ 準確定申告書の提出方法

提出書類	確定申告書 第1表、第2表、付表（税務署の窓口か国税庁のウェブサイトからダウンロードして入手します）、相続人等の本人確認書類（マイナンバーカード、または通知カードと運転免許証・パスポート・公的医療保険の被保険者証などのいずれか）の写し
提出先	亡くなった方の納税地（住所地）の所轄税務署、令和2年分以後は電子申告も可
提出期限	相続の開始があったことを知った日の翌日から4か月以内
提出する人	相続人や包括受遺者
必要なもの	年金や給与の源泉徴収票、医療費の領収書など

第2章 落ち着いたら行う諸届、諸手続

●該当する方に必要な手続●

04 葬祭費・埋葬料の申請をしましょう

亡くなった方が加入していた公的保険から葬儀費用の一部として「葬祭費もしくは埋葬料（費）」が支給されます。　時効2年

　亡くなった方が国民健康保険・後期高齢者医療制度に加入していた場合は葬祭費が、会社員等で健康保険に加入していた場合は埋葬料（または埋葬費）が支給されます。

国民健康保険（自営等）・後期高齢者医療制度に加入していた場合

　葬儀を行った喪主等に対して、**葬祭費**が支給されます。金額は故人の住んでいた場所や加入していた制度によって違いますが、一般的には3万〜5万円程度です。市区町村によっては別の給付が受けられる場合もありますので、念のため窓口で確認してみるとよいでしょう。

■ 葬祭費の申請方法

提出先	故人が住んでいた市区町村役場の窓口
提出できる人	葬儀を行った喪主等
必要なもの	申請書（窓口で入手します）、葬儀にかかった領収書、印鑑など
手数料	かかりません
期　限	葬儀を執り行った日の翌日から2年で時効

会社員等で健康保険に加入していた場合

　亡くなった方に生計を維持されていて、埋葬を行った方に**埋葬料**として**定額5万円**が支給されます。埋葬料の申請ができる人（埋葬料支給の対象者）がいないときは、実際に埋葬を行った人に**埋葬費**が支給されます。退職した後に亡くなった場合でも、退職後3か月以内であれば請求

56

することができます。

　埋葬費の額は、埋葬料（5万円）の範囲内で埋葬にかかった費用（霊柩車代、火葬料、葬壇一式料など）になります。

　なお、被保険者のご家族（被扶養者）が亡くなった場合は、**家族埋葬料**として5万円が被保険者に支給されます。

　また、会社が健康保険組合に加入していたときは、組合によって付加給付がある場合もあります。

■ 埋葬料（費）の申請方法

提出先	故人の勤務先の管轄協会けんぽ（年金事務所）もしくは健康保険組合
提出できる人	生計を維持されていて埋葬を行った人（該当者がいない場合は埋葬を行った人）
必要なもの	申請書（故人が加入していた健康保険組合または協会けんぽから入手します）、埋葬にかかった領収書、印鑑など（代理申請の場合は委任状）
期　限	埋葬料：死亡した日の翌日から2年で時効 埋葬費：埋葬を行った日の翌日から2年で時効
留意点	会社が手続を行う場合あり。要確認。

ポイントメモ　葬祭費・埋葬料の注意点

　葬祭費・埋葬料は、死亡したことに関して支払われるものではなく、行われた葬儀・埋葬に対して支払われるものなので、相続財産にはなりません。また、実際に葬儀・埋葬を行っていない場合は支給を受けることはできません。
　　　　　　　　　　　　　　　　　　　　　　　　相続財産　P97

　なお、業務上の事故や通勤災害などで亡くなった場合は、労災からの支給になります。労災の手続の方法は、故人の勤務先に確認しながら進めるとよいでしょう。
　　　　　　　　　　　　　　　　　　　　　　　　労災　P94

健康保険被保険者（家族）埋葬料（費）支給申請書の書き方
（協会けんぽに加入の場合）

記号・番号は、健康保険証に記載されています。

被保険者（故人）の生年月日です。

健康保険 被保険者 家族 埋葬料（費）支給申請書　被保険者記入用　埋

1　2　ページ

記入方法および添付書類については、「健康保険 被保険者 家族 埋葬料（費）支給申請書 記入の手引き」をご確認ください。
黒のボールペン等を使用し、楷書でご記入ください。

記入見本　0 1 2 3 4 5 6 7 8 9 ア

被保険者情報※	被保険者証の（左づめ）	記号 4 5 6 7 8 9 0 1	番号 1 2 3 4 5 6 7 8	生年月日 1 昭和 2.平成 3.令和 年 0 9 月 0 3 日 1 5

	氏名・印	（フリガナ） フユヒラ キヨコ　冬平 清子　㊞	自署の場合は押印を省略できます。

住所　〒 1 7 1 0 0 3 1　東京（都道府県）　豊島区目白六丁目31-17

電話番号（日中の連絡先）※ハイフン除く　TEL 0 3 0 0 0 0 0 0 0 0

被保険者（故人）が亡くなられての申請の場合は、申請される方の氏名・住所・銀行口座を記入して下さい。

振込先指定口座※	金融機関名称	豊島	銀行 金庫 信組 農協 漁協 その他	本店 支店 本所 支所 出張所

	預金種別	1	1. 普通 3. 別段 2. 当座 4. 通知	口座番号 8 7 6 5 4 3 2	左づめでご記入ください。

	口座名義	▼カタカナ（姓と名の間は1マス空けてご記入ください。濁点(゛)、半濁点(゜)は1字としてご記入ください。） フユヒラ キヨコ	口座名義の区分 1	1. 被保険者（申請者） 2. 代理人

「2」の場合は必ず記入・押印ください。（押印省略不可）

受取代理人の欄	被保険者（申請者）	本申請に基づく給付金に関する受領を下記の代理人に委任します。 氏名・印　㊞	1.平成 2.令和 年 月 日 住所 「被保険者情報」の住所と同じ

	代理人（口座名義人）	〒　　TEL（ハイフン除く） 住所 （フリガナ） 氏名・印　㊞	被保険者（申請者）との関係

※ご注意ください

被保険者が亡くなられての申請の場合、「被保険者証の記号・番号」と「生年月日」は被保険者の情報をご記入ください。「氏名・印」、「住所」「電話番号」「振込先指定口座」は実際に申請される方の情報をご記入ください。

「被保険者・事業主記入用」は**2ページに続きます。**

被保険者のマイナンバー記載欄
（被保険者証の記号番号を記入した場合は記入不要です）
マイナンバーを記入した場合は、必ず本人確認書類を添付してください。▶

受付日付印

社会保険労務士の提出代行者名記載欄　㊞

様式番号　6 3 1 1 6 7　　1　　協会使用欄

全国健康保険協会　協会けんぽ

1/2

| | | | 1 | 2 | ページ |

健康保険 被保険者／家族 埋葬料（費）支給申請書

（被保険者・事業主記入用）

被保険者氏名　冬平 勇

申請内容

死亡した方の	死亡年月日	死亡原因	第三者の行為によるものですか
	2 1.平成 2.令和　020723 年 月 日	脳出血	□はい ☑いいえ「はい」の場合は「第三者行為による傷病届」を提出してください。

●家族（被扶養者）が死亡したための申請であるとき

ご家族の氏名		生年月日	1.昭和 2.平成 3.令和 年 月 日	被保険者との続柄

亡くなられた家族は、退職などにより健保組合などが運営する健康保険の資格喪失後に被扶養者の認定を受けた方であって、次のいずれかに当てはまる方ですか。
①資格喪失後、3か月以内に亡くなられたとき
②資格喪失後、傷病手当金や出産手当金を引き続き受給中に亡くなられたとき
③資格喪失後、②の受給終了後、3か月以内に亡くなられたとき

□ 1.はい 2.いいえ

「はい」の場合、家族が被扶養者認定前に加入していた健康保険の保険者名と記号・番号をご記入ください。

保険者名	
記号・番号	

●被保険者が死亡したための申請であるとき

被保険者の氏名	被保険者からみた申請者との身分関係	埋葬した年月日
冬平 勇		1.平成 2.令和 年 月 日

埋葬に要した費用の額	円	法第3条第2項被保険者として支給を受けた時はその金額（調整減額）	円

亡くなられた方は、退職などによる協会けんぽの被保険者資格の喪失後、家族の被扶養者となった方であって、次のいずれかに当てはまる方ですか。
①資格喪失後、3か月以内に亡くなられたとき
②資格喪失後、傷病手当金や出産手当金を引き続き受給中に亡くなられたとき
③資格喪失後、②の受給終了後、3か月以内に亡くなられたとき

□ 1.はい 2.いいえ

「はい」の場合、資格喪失後に家族の被扶養者として加入していた健康保険の保険者名と記号・番号をご記入ください。

保険者名	
記号・番号	

事業主証明欄

死亡した方の	氏名	被保険者・被扶養者の別	死亡年月日
	冬平 勇	被保険者 被扶養者	2 1.平成 2.令和　020723 死亡 年 月 日

上記のとおり相違ないことを証明します

		年 月 日
事業所所在地	東京都豊島区目白六丁目40−1	2 1.平成 2.令和　020723
事業所名称	株式会社　冬平商事	
事業主氏名	冬平 浩一	TEL ※ハイフン除く　03△△△△△△△△

> 事業主に証明を受けられない場合は、死亡したことがわかる書類の添付が必要です。

様式　6 3 1

🅨 全国健康保険協会
協会けんぽ

> ※58〜59ページの様式は協会けんぽのものですが、75歳以上の方は後期高齢者医療制度による給付となり、支給申請書はお住まいの自治体により様式が異なります。

第2章 落ち着いたら行う 諸届、諸手続

59

● 該当する方に必要な手続 ●

05 高額療養費の支給を受けたいとき

医療費の自己負担額が高額になった場合、一部の払戻しを受けることができます。

診療月翌月〜
2年以内

　高額療養費とは、国民健康保険、後期高齢者医療制度、健康保険の加入者が、病院や薬局の窓口で支払った額が、暦月（1日から月末まで）で一定の金額を超えた場合に、その超えた分の払戻しを請求することができる制度です。本人の死亡後に請求することもできますので、故人の自己負担した医療費が高額だった場合は申請してみましょう。

　ただし、健康保険が使えない治療や投薬を受けた場合、差額ベッド代や入院中の食事代等は対象にはなりません。

高額介護サービス費　P43

高額療養費の計算の方法

　自己負担額となる毎月の負担の上限額は、加入者の年齢や所得により異なります。次ページの自己負担額の計算例を参考にして下さい。

　また、故人の複数の受診や同じ世帯にいる家族の自己負担額を1か月単位で合算（70歳未満の方の受診については、21,000円以上の自己負担のみ合算）して申請できる「世帯合算」や、同世帯で直近12か月に3回以上自己負担額を超えた場合は、4回目からはさらに自己負担が軽減される「多数回該当」という仕組みもあります。

■ 高額療養費の請求方法

	国民健康保険・後期高齢者医療の場合	健康保険（サラリーマン）の場合
提出先	お住まいの市区町村の担当窓口	協会けんぽまたは健康保険組合
提出書類	高額療養費支給申請書（窓口で入手するか、自治体や健康保険組合によってはウェブサイトからダウンロードで入手できるところもあります）	
必要なもの	病院に支払った領収書・故人との続柄がわかる戸籍謄本等※	

※市区町村または健康保険（組合）によって他の添付書類が必要な場合があります。

60

■ 自己負担限度額（70歳未満の方の場合）　（令和2年8月現在）

所得区分	1か月の負担の上限額	多数回該当の場合
①年収約1160万円〜 　年間所得901万円超	252,600円＋（医療費−842,000円）×1％	140,100円
②年収約770万〜約1160万円 　年間所得600万円超〜901万円	167,400円＋（医療費−558,000円）×1％	93,000円
③年収約370万〜約770万円 　年間所得210万円超〜600万円	80,100円＋（医療費−267,000円）×1％	44,400円
④年収約156万円〜約370万円 　年間所得210万円以下	57,600円	44,400円
⑤住民税非課税者	35,400円	24,600円

【自己負担額の計算例①】

　③の所得区分に該当する方が医療費として3割負担で30万円支払った場合、実際の医療費は100万円ですから、80,100円＋（1,000,000円−267,000円）×1％＝87,430円となり、窓口での自己負担300,000円−87,430円＝212,570円が返金され、自己負担額は87,430円で済みます。

■ 自己負担限度額（70歳以上の方の場合）　（令和2年8月現在）

所得区分		1か月の負担の上限額	
		外来(個人ごと)	（世帯ごと）
現役並み	(1) 年収約1160万円〜 　　年間所得690万円以上	252,600円＋（医療費−842,000円）×1％ <多数回140,100円>	
	(2) 年収約770万〜約1160万円 　　年間所得380万円以上	167,400円＋（医療費−558,000円）×1％ <多数回93,000円>	
	(3) 年収約370万〜約770万円 　　年間所得145万円以上	80,100円＋（医療費−267,000円）×1％ <多数回44,400円>	
(4) 一般所得者 　　年間所得145万円未満等		18,000円 （年間上限144,000円）	57,600円 <多数回44,400円>
住民税 非課税等	(5) 住民税非課税世帯	8,000円	24,600円
	(6) 住民税非課税世帯者 　（年金収入80万円以下等）	8,000円	15,000円

【自己負担額の計算例②】

　一般所得者が世帯単位で10万円支払った場合、自己負担の上限額は57,600円なので、自己負担100,000円−57,600円＝42,400円が返金されます。

61

● 該当する方に必要な手続 ●

06 婚姻前の名字に戻したいとき

ご夫婦のどちらか一方が亡くなった場合、残された配偶者は名字を旧姓に戻すことができます。

期限なし

配偶者が亡くなったときに名字をそのままにするか婚姻前に戻すかは、残された方が自由に決めることができます。婚姻により姓を変更した者が旧姓に戻したい場合は、市区町村役場に**復氏届**を提出します。

配偶者と子で異なる手続

ただし、子がいる場合は注意が必要です。復氏届により旧姓に戻るのは本人のみなので、何もしなければ子はそのまま戸籍に残り、名字は変更されません。

子も名字を変更し、旧姓に戻った方の戸籍に入れる場合は、家庭裁判所に**子の氏の変更許可申立書**を提出し、許可審判を受けた後に**入籍届**を提出して、戸籍を移します。これにより子も同じ戸籍に入り、残された方と同じ名字を名乗ることができるようになります。

■ 復氏届の提出方法　　　　　　　姻族関係を終了したいとき　P65

提出先	残された配偶者の本籍地または住所地の市区町村役場窓口
必要なもの	届出書（窓口で入手します）、戸籍謄本（本籍地に届け出る場合は不要）、結婚前の戸籍に戻るときは婚姻前の戸籍謄本、印鑑　など
提出期限	死亡届の提出後であればいつでも届出可。期限なし。

■ 子の氏の変更許可申立の方法　　　　（令和2年8月現在）

提出先	子の住所地の家庭裁判所
申立人	子（子が15歳未満のときは子の法定代理人）
申立費用	800円の収入印紙、連絡用の郵便切手
必要なもの	申立書（裁判所の窓口か、裁判所のウェブサイトからダウンロードして入手します）、子の戸籍謄本、父母の戸籍謄本　など

■ 復氏届の書き方

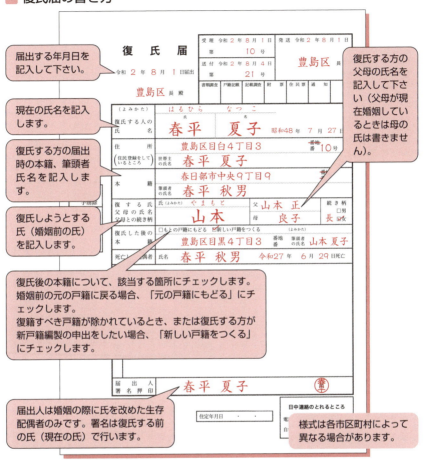

 国際結婚の場合

配偶者の死亡に伴う復氏届の提出には原則として期限がありませんが、結婚していた外国人の死亡に伴う復氏届については、亡くなった日の翌日から3か月を経過してしまうと、届出に際して家庭裁判所の許可が必要となります。注意しましょう。

■ 入籍届の書き方（15歳未満の子について、家庭裁判所の許可を得て父の戸籍から母の戸籍へ入籍する場合）

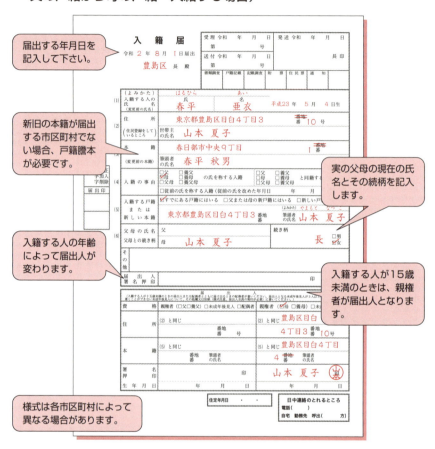

■ 入籍届の提出方法

提出先	子の本籍地または届出人の住所地の市区町村役場窓口
届出ができる人	子（子が15歳未満のときは子の法定代理人）
必要なもの	届出書（窓口で入手します）、子の氏変更許可の審判書（家庭裁判所から交付）、子の現在の戸籍謄本と入籍先の戸籍謄本、印鑑　など

07 姻族関係を終了したいとき

●該当する方に必要な手続●

ご夫婦の一方が亡くなった場合、残された配偶者は婚姻関係を終了することができます。

提出期限なし

　配偶者が亡くなったら婚姻関係は当然に解消となりますが、配偶者の親族との姻族関係はそのまま継続されます。残された方は、**姻族関係終了届**により、配偶者の親族との姻族関係を終了させることができます。

配偶者の親族の扶養義務等がなくなる

　姻族関係が終了することにより、亡くなった配偶者の親族の扶養義務等はなくなります。

　姻族関係終了届は残された配偶者が単独で行うことができ、亡くなった配偶者の親族の同意は不要です。ちなみに、この手続ができるのは残された配偶者のみで、亡くなった配偶者の親族側でこの届出を提出することはできません。姻族関係終了届は、本籍地あるいはお住まいの市区町村役場の窓口に提出します。

　なお、子と亡くなった配偶者の親族との関係はそのまま継続します。

■ 姻族関係終了届の提出方法

提出先	届出人の本籍地、住所地等の市区町村役場窓口
届出ができる人	残された配偶者
必要なもの	届出書（窓口で入手します）、亡くなった配偶者の死亡事項の記載がある戸籍（除籍）謄本、印鑑　など

第2章　落ち着いたら行う諸届、諸手続

■ 姻族関係終了届の書き方

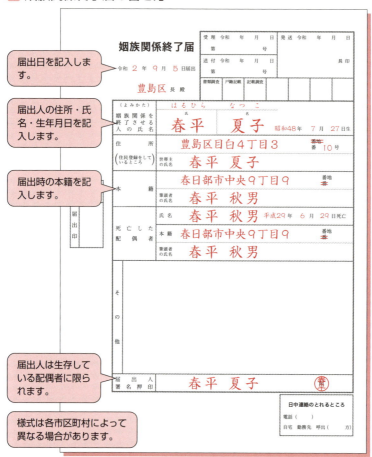

- 届出日を記入します。
- 届出人の住所・氏名・生年月日を記入します。
- 届出時の本籍を記入します。
- 届出人は生存している配偶者に限られます。
- 様式は各市区町村によって異なる場合があります。

 **復氏届と姻族関係終了届** ………………………

　姻族関係終了届によって姻族関係が終了しても、戸籍には変動はなく、氏はそのままです。旧姓に戻したい場合には、別途、復氏届の提出が必要です。子の氏の変更許可申立書は、家庭裁判所に提出します。

> 復氏届、子の氏の変更許可申立 P62

66

●該当する方に必要な手続●

08 故人の事業を引き継ぐとき

青色申告承認申請書を税務署に提出すれば
所得税の様々な特典が受けられます。

原則4か月以内

故人からアパート経営やお店などの事業を引き継ぐと、所得税の確定申告をする義務が生じます。税務署に**青色申告承認申請書**を提出し、要件に沿った帳簿に基づき申告を行えば、様々な特典を受けられます。

青色申告と白色申告の違い

所得税には青色申告と白色申告の2種類があり、どちらも帳簿への記帳が必要です。**青色申告**の方が、より細かなルールに基づいた帳簿を備え付ける義務がある分、税金面で有利になっています。

【青色申告の主な特典】

1. 青色申告特別控除という特別な経費が認められる。
   帳簿の種類によって最高10万円または最高55万円。[※]
2. 家族へ払った給与が経費になる。
3. 赤字を3年間繰り越せる。

※電子申告または電子帳簿保存を行う場合は65万円。

■ 青色申告承認申請書の提出方法

提出書類	青色申告承認申請書（税務署の窓口か、国税庁のウェブサイトからダウンロードして入手します）		
提出先	相続人の納税地（住所地）の所轄税務署。e-Taxによる申請も可		
提出期限	死亡の日が	1月1日～8月31日	死亡の日から4か月以内
		9月1日～10月31日	その年の12月31日まで
		11月1日～12月31日	翌年の2月15日まで
手数料	かかりません		

第2章

落ち着いたら行う
諸届、諸手続

67

■ 所得税の青色申告承認申請書の書き方

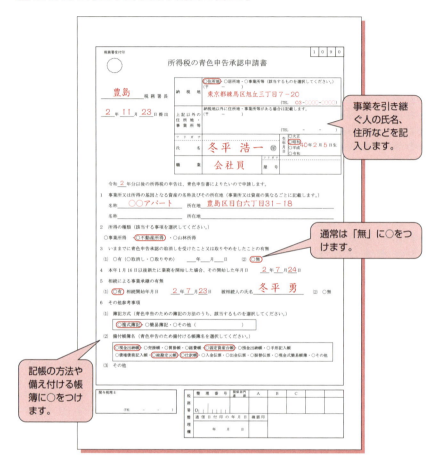

 青色申告と相続 ････････････････････････････

　故人が青色申告をしていても、その効力が当然に相続人に引き継がれるわけではありません。相続人が以前から青色申告をしていた場合を除き、青色申告を行う場合は新たに青色申告承認申請書を提出しましょう。

第3章

遺族年金など年金の手続について確認しましょう

遺族年金等の手続

　年金制度の中には、一家の働き手が亡くなった場合に、残された遺族が路頭に迷わないよう、遺族に対して支払われる遺族年金というものがあります。

　遺族年金は、受け取ることのできる遺族にも一定の要件があり、また、亡くなった方がどのような年金に加入していたかによって支給される額が変わります。亡くなられた方が納付した保険料が掛け捨てにならないよう、遺族に支払われる一時金という制度もあります。

　これらの年金の制度と手続について、この章で確認しましょう。

● 全員に必要なガイダンス ●

公的年金の手続を確認しましょう

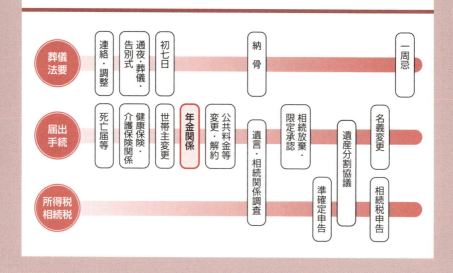

年金関係で確認すべきこと

　生計を同一にしていた方が亡くなった場合、年金関係ですべき手続は大きく分けて2つあります。1つ目は、亡くなった方が年金を受給していた場合の、年金の受給停止と未支給の年金を受給する手続です。2つ目は、亡くなった方が加入・受給していた年金の種類や保険料を納めた期間を確認し、遺族がどのような年金や一時金が受給できるかを知り、請求する手続です。

　遺族が受給できる年金で主なものは**遺族基礎年金**（国民年金：自営業等）と**遺族厚生年金**（厚生年金：会社員等）の2種類があり、亡くなった方が加入・受給していた年金の種類や保険料納付期間によって、受給できる金額が変わります。また、遺族側にもそれぞれに要件があります。

　支給要件や遺族要件に該当した場合でも、年金は5年、一時金は2年の時効があり、請求期間を過ぎると受け取れなくなります。要件を確認して、すみやかに必要な手続を行うことが大切です。

■ 年金の種類と加入する人

国民年金	自営業や農業等に従事する人、学生、フリーター、無職等で日本に住む20歳以上60歳未満のすべての国民。
厚生（共済）年金	法人や団体で働く70歳未満のサラリーマン等や公務員等。

■ 故人別の遺族に支給される年金・一時金

故　人	遺族に支給される年金・一時金
国民年金（自営業など）に加入中の方	遺族基礎年金 該当すれば、①寡婦年金・②死亡一時金（①②どちらか選択）
国民年金および厚生年金（会社員など）に加入中の方	遺族基礎年金と遺族厚生年金 該当すれば 中高齢寡婦加算・経過的寡婦加算
会社員の配偶者等	なし
老齢基礎年金受給権者（※1）または受給資格期間を満たしている方（※2）	遺族基礎年金
老齢厚生年金受給権者（※1）または受給資格期間を満たしている方（※2）	遺族厚生年金・遺族基礎年金 該当すれば 中高齢寡婦加算・経過的寡婦加算

※1：原則65歳以上で受給資格期間25年以上の方
※2：受給資格期間25年を満たしているが原則65歳に達していない方

　この章では概要についてまとめましたが、年金制度は細かい条件がありますので、実際の支給条件や金額、また詳細や不明な点については最寄りの年金事務所やねんきんダイヤルでご確認下さい。

　亡くなった方が公務員だった場合は所属する共済組合（国家公務員共済組合・地方公務員共済組合・日本私立学校振興・共済事業団）へお問い合わせ下さい。

　ねんきんダイヤル（一般的な年金相談に関するお問い合わせ先）
　電話番号　0570－05－1165（ナビダイヤル）
050から始まる電話からかける場合は03－6700－1165（一般電話）

第3章　遺族年金等の手続

● 全員に必要な手続 ●

01 公的年金の基本を確認しましょう

公的年金は国民年金と厚生年金があり、給付の種類は老齢年金、障害年金、遺族年金の3種類です。

すみやかに

　日本に住む20歳以上60歳未満のすべての国民が加入しているのが国民年金です。会社員や公務員（以下、「会社員等」といいます）は国民年金に加えて厚生年金や共済年金などにも加入するので、国民年金と厚生（共済）年金の2つの年金制度に同時に加入していることになります。これが「会社員等の2階建て年金」と呼ばれているものです。

老後のための「老齢基礎年金・老齢厚生年金」をもらえる人は?

　受給資格期間を満たしている人は、原則65歳から年金を受け取ることができます。この**受給資格期間**は、保険料を納めた期間と保険料の免除を受けた期間などの期間が合わせて**原則10年（120月）以上あることが**必要です。

　遺族年金は、亡くなった方が国民年金もしくは厚生年金に加入中のときの死亡であれば支給要件に当てはまりますが、そうでなかったときは、この老齢基礎年金・老齢厚生年金の受給資格期間を満たしているかどうかが重要なポイントになってくる場合があります。

　受給資格期間には、様々な経過措置や特例措置がありますので、受給資格期間が足りないと思われたときでも、受け取ることができる場合があります。念のため、最寄りの年金事務所やねんきんダイヤルへ問い合わせて確認してみましょう。

ねんきんダイヤル P71

■ 年金制度（２階建て年金）の仕組み

	【自営業等】		【会社員等】
２階部分			厚生（共済）年金
１階部分	国民年金		国民年金

■ 被保険者の種類

被保険者の種類	被保険者	年金の種類
第１号被保険者	自営業等	国民年金
第２号被保険者	会社員等	国民年金＋厚生（共済）年金
第３号被保険者	会社員等の配偶者	〃

■ 給付される年金の種類

【原因】		【年金の種類】
老　齢		老齢基礎年金・老齢厚生年金
障　害		障害基礎年金・障害厚生年金
死　亡		遺族基礎年金・遺族厚生年金

 共済年金制度について

　公務員等が加入している共済年金制度は、長期給付という厚生年金に相当する制度がありますが、共済年金独自の給付や要件もあります（例えば、共済年金の遺族年金には厚生年金にはない転給制度がある。保険料を納めていたか滞納していたかは問われない。厚生年金の老齢厚生年金は「標準報酬月額」が元になるが、地方公務員の場合「標準報酬月額」という概念がない、などの点が全く異なります）。

　この章では厚生年金制度について記載をしています。なお、平成27年10月に共済年金制度は厚生年金制度に一元化されました。

● 年金受給者に必要な手続 ●

02 年金受給を停止し、未支給の年金を請求しましょう

年金受給者が亡くなった場合、受給停止の手続が
必要です。また未支給分があれば請求ができます。 | すみやかに

　年金受給者が亡くなった場合は、年金受給を停止する手続（年金受給権者死亡届の提出）が必要です。手続が遅れてしまったために年金が支払われてしまった場合は、その分を返還しなければなりません。

　年金は年6回、偶数月の15日に前2か月分が支払われ、死亡した月の分まで受け取ることができます。まだ支払われていない未支給年金は請求すれば受給資格のある遺族に支払われます。亡くなった方が年金の受給資格期間を満たしていたにもかかわらず、年金をもらっていなかった場合でも未支給年金は支払われますので確認してみましょう。

未支給年金の受給資格のある遺族

　亡くなった方が死亡するまでに受けるべきであった未支給分の年金は、亡くなった方と生計を同じくしていた①配偶者→②子→③父母→④孫→⑤祖父母→⑥兄弟姉妹→⑦それ以外の3親等（平成26年4月以降に死亡した方に限る）の順番で請求できます（自分より先順位の方がいる場合は請求できません）。また同じ順位の方が2人以上いる場合は、1人が行った請求は全員のために全額を請求したもの、1人に対して支給された年金は全員に対して支給したものとみなされます。

■ それ以外の3親等とは？

1親等	子の配偶者・配偶者の父母
2親等	孫の配偶者、兄弟姉妹の配偶者、配偶者の祖父母、配偶者の兄弟姉妹
3親等	曽孫、曽祖父母、曽孫の配偶者、甥・姪、伯叔父・伯叔母、甥・姪の配偶者、伯叔父・伯叔母の配偶者、配偶者の曽祖父母、配偶者の甥・姪、配偶者の伯叔父・伯叔母

■ 未支給年金の請求方法

請求先	最寄りの年金事務所または街角の年金相談センター
提出書類	未支給年金・未支払給付金請求書（受給権者死亡届）複写式（請求書は、年金事務所の窓口か、日本年金機構のウェブサイトからダウンロードして入手します）
必要なもの	・故人の年金証書（添えることが出来ないときは年金受給権者死亡届〈報告書〉に事由を記入） ・死亡の事実を明らかにできる書類（戸籍謄抄本、死亡診断書（コピー可）、住民票等） ・故人と請求者との身分関係を証明できる書類（市区町村長の証明書、戸籍謄抄本等（住民票は不可）） ・故人の住民票（除票）と請求者の世帯全員の住民票等 ・受け取りを希望する金融機関の通帳（コピー可） ・亡くなった方と請求する方が別世帯の場合は「生計同一についての別紙の様式」など

※（コピー可）とあるもの以外は原本を添付して下さい。

■ 未支給年金・未支払給付金請求書の書き方

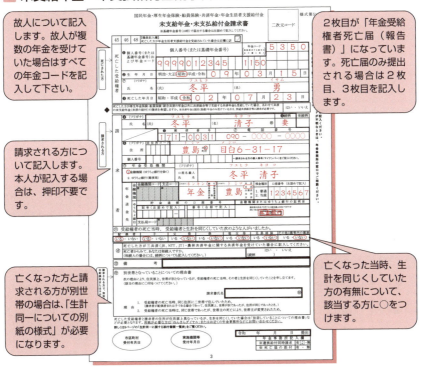

■ 年金受給権者死亡届（報告書）の書き方

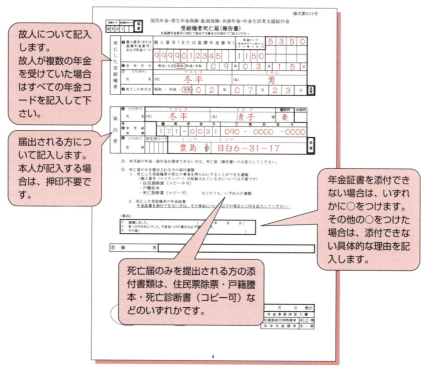

 もらい忘れた年金がないか確認しましょう

　複雑な年金制度の変遷や基礎年金番号の未統合により、亡くなった本人も知らない「もらえるはずなのにもらっていない年金」が残っている場合があります。亡くなった月の未支給年金を請求するときは、同時に、亡くなった方の職歴（社名が変わっていたり、すでに会社がなくなってしまっていたりするときは会社があった場所）、旧姓など、わかる限りの情報を収集して年金事務所等の窓口に確認してみましょう。取りこぼしの年金が見つかった場合は、時効の過去5年分までの支払いだけでなく、時効特例分（5年超）を含む部分も支払われます。

● 該当する方に必要な手続 ●

03 遺族年金を請求しましょう

遺族年金は残された家族のための年金制度です。要件に該当しているかどうかしっかり確認しましょう。

時効5年

亡くなった方がどの年金に加入・受給していたか、遺族年金を受けられる遺族は誰なのか、遺族に該当した場合には遺族年金をいくらもらえるのかを確認しましょう。

前提要件

亡くなった方が加入・受給されていた年金により、遺族の範囲は異なります。遺族年金は「養ってくれていた大黒柱が亡くなって残された家族が路頭に迷わないようにするため」のお金でもあるので、遺族年金（一時金を含む）をもらえる遺族の範囲は亡くなった方に**生計を維持されていた**ことが前提です。

「生計を維持されていた」とは？

「生計を維持されていた」とは、死亡当時、亡くなった方と生計を同一にしていた方で、年収850万円を将来にわたって得られない方のことをいいます。ただし、死亡当時に年収が850万円以上であっても、おおむね5年以内に年収が850万円未満になると認められる方は遺族年金の対象者になります。

年金額と受給期間

遺族基礎年金、遺族厚生年金の額は、物価や賃金などの変動に応じ毎年見直しが行われるため変更になる場合があります。

また、一度決定したら年金はずっともらえるというわけではなく、支給停止や受給資格を喪失する要件があります。

支給停止　P84

第3章　遺族年金等の手続

77

遺族年金チャート ～もらえる遺族年金を確認しましょう～

ここから始めて下さい。

亡くなった方に生計を維持されていましたか。 ──いいえ→ 該当なし

↓はい

亡くなった方は厚生年金に加入していた期間がありますか。 ──いいえ（自営業等）→

↓はい

故人が次のいずれかに該当しますか。

①厚生年金に加入して在職中だった。

②退職していたが、①の時の病気等が原因で初診日から5年以内に死亡した。

③障害年金（1級、2級）を受けることができた。

④老齢厚生年金の受給資格期間を満たしていた。

──いいえ→

↓はい

残された方が次のいずれかに該当しますか。

①妻、18歳の年度末までの子、20歳未満で1級または2級の障害を持つ子、55歳以上の夫。

②55歳以上の父母、祖父母、18歳未満の孫。

──いいえ→ 該当なし

↓はい

遺族基礎年金　P80　＋　遺族厚生年金　P81

残された妻の年齢によって加算あり　P90

遺族厚生年金は遺族基礎年金に上乗せして支給されます。

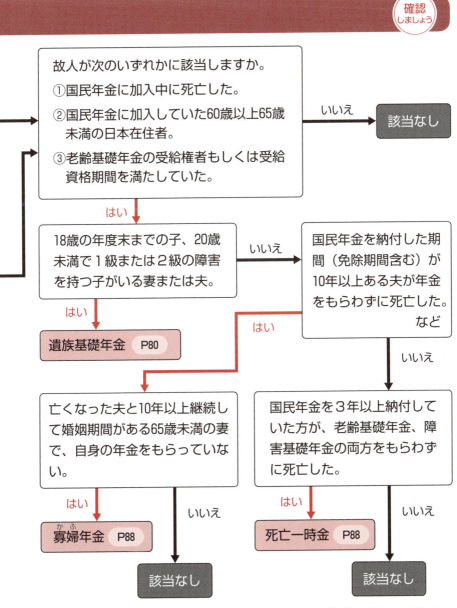

「遺族基礎年金」を受け取れる方

　遺族基礎年金は、国民年金に加入している人（またはしていた人）が亡くなったときに、亡くなった方によって生計を維持されていた子のいる妻や夫、または子に支給されます。遺族基礎年金を受け取れるかは、78～79ページで確認して下さい。

■ 遺族基礎年金における亡くなった方についての要件

①被保険者（※1）
②60歳以上65歳未満で日本国内に住所を有する被保険者（※1）
③老齢基礎年金の受給権者だった、または老齢基礎年金の受給資格期間を満たしていた（※2）

※1：①②は死亡日の属する月の前々月までの被保険者期間があるときは、その期間のうち保険料納付済み期間（厚生年金保険の被保険者期間、共済組合の組合員期間、保険料免除期間を含む）が3分の2以上あることが必要です。なお、死亡日が2026年4月1日前の場合、65歳未満であれば死亡月の前々月までの1年間に保険料の未納がなければ受けられます。
※2：③は期間短縮（受給資格期間が25年から10年に短縮）の対象にはならず25年のままのため、期間短縮により老齢年金が受給できても、その方が死亡した場合に遺族基礎年金は受給できません（特例あり）。

■ 遺族基礎年金を受け取れる遺族の範囲

子（※3）のある妻、子（※3）のある夫（※4）、または子（※3）

※3：子は結婚をしていないこと、かつ18歳の誕生日の属する年度末まで、もしくは20歳未満で障害（1級・2級）があることが要件です。
※4：「子のある夫」は、平成26年4月以降に死亡した方の遺族年金が対象です。

遺族基礎年金の額（年額）　　　　　　　　　　（令和2年8月現在）

・子のある配偶者が受け取るとき　781,700円（※5）＋子の加算額（※6）
・子が受け取るとき　781,700円（※5）＋2人目以降の子の加算額（※6）
（上記の額を子の数で割った額が、1人あたりの額となります。）

※5：老齢基礎年金の満額受給の場合。10年以上25年未満の場合は減額されます。
※6：1人目および2人目の子の加算額は224,900円、3人目以降の子の加算額は1人あたり75,000円です。

80

「遺族厚生年金」を受け取れる方

78〜79ページの遺族年金チャートで「遺族厚生年金」に該当する方は、厚生年金に加入している人（またはしていた人）が死亡したときなどの支給要件に該当していれば、遺族基礎年金と併せて**遺族厚生年金**を受け取ることができます。

■ 遺族厚生年金における亡くなった方についての要件

①被保険者（※1）または被保険者期間中の病気やケガが原因で初診日から5年以内に死亡したとき（※2）

②1級・2級の障害厚生年金の受給権者

③老齢厚生年金の受給権者だった、または老齢厚生年金の受給資格期間を満たしていた（※3）

※1：①は死亡日の属する月の前々月までの被保険者期間のうち、国民年金の保険料納付済み期間（厚生年金保険の被保険者期間、共済組合の組合員期間、保険料免除期間を含む）が3分の2以上あることが必要です。なお、死亡日が2026年4月1日前の場合、65歳未満であれば死亡月の前々月までの1年間に保険料の未納がなければ受けられます。

※2：亡くなったときに受給権がなくても、亡くなった後、さかのぼって障害年金の受給権が認められる場合があります。亡くなった方に障害があった場合は年金事務所に確認をしましょう。

※3：③は期間短縮（受給資格期間が25年から10年に短縮）の対象にはならず25年のままのため、期間短縮により老齢年金が受給できても、その方が死亡した場合に遺族厚生年金は受給できません（特例あり）。

■ 遺族厚生年金を受け取れる遺族の範囲

①妻（※5）、子（※4）、55歳以上（※6）の夫

②55歳以上（※6）の父母

③孫

④55歳以上（※6）の祖父母

> 遺族厚生年金（厚生年金）の受給順位は、①→②→③→④の順番です。

※4：子は結婚をしていないこと、かつ18歳の誕生日の属する年度末までもしくは20歳未満で障害（1級・2級）があることが要件です。

※5：子のない30歳未満の妻への給付期間は5年間までです。

※6：55歳以上とあるものは、実際の支給開始は60歳になってからです。夫は遺族基礎年金を受給中であれば、55歳未満であっても遺族厚生（共済）年金を併せて受給できます。

第3章

遺族年金等の手続

81

遺族厚生年金の額（年額）

　遺族基礎年金のように定額ではなく、遺族厚生年金は亡くなった方の老齢厚生年金の報酬比例部分の年金額の4分の3になります。

　老齢厚生年金の報酬比例部分は、納付した保険料額の算出基礎となる報酬（月）額と納付月数のほか、いくつかの条件により決定されます。

　亡くなった方の収入によって額が異なりますので、年金事務所やねんきんダイヤルで確認してみましょう。

> ねんきんダイヤル　P71

■ 遺族基礎年金と遺族厚生年金の請求方法

請求先	遺族基礎年金	遺族基礎年金のみに該当する場合は、お住まいの市区町村へ（※）、それ以外の場合は最寄りの年金事務所へ
	遺族厚生年金	
提出書類	年金請求書（国民年金・厚生年金保険遺族給付） （請求書は、年金事務所の窓口か、日本年金機構のウェブサイトからダウンロードして入手します）　**P85〜87**	
必要なもの	◎故人と請求者、両方について必要なもの ・年金手帳 ・年金証書・恩給証書（受給権あるものすべて） ・戸籍謄本（全部事項証明書）（死亡された日以降のもの） ◎その他必要なもの ・健康保険証（請求者の本人確認のため） ・世帯全員の住民票の写し（生計維持証明） ・故人の住民票の除票（世帯全員の住民票に含まれている場合は不要） ・死亡診断書のコピー ・請求者の収入が確認できる書類（所得証明書、課税（非課税）証明書、源泉徴収票等） ・在学証明書または学生証等（義務教育終了前は不要） ・請求人の預金通帳または貯金通帳と印鑑（認印可）など	
請求者	給付対象の遺族	

※国民年金のみの加入期間しかないときでも、遺族要件を確認するため市区町村の窓口ではなく、まずは年金事務所に提出する場合もあります。

※遺族厚生年金受給者で遺族基礎年金の受給資格を持っている人は遺族厚生年金と遺族基礎年金の両方がもらえます。

選択と併給

　年金は1人1年金が原則です。遺族年金（遺族基礎年金と遺族厚生年金は1つとみなされます）を受け取っているときに他の年金を受け取ることができる場合には、どちらかの年金を選んで受け取ることになります（選択）。

　ただし、2つ以上の年金が受け取れる場合があります（併給）。以下に代表的な選択・併給について挙げますので、確認をしておきましょう。

■ 選択しなければならない代表的なケース

①遺族基礎（厚生）年金と障害厚生年金

②遺族基礎（厚生）年金と旧厚生年金の遺族年金

③遺族基礎（厚生）年金（65歳前）と特別支給の老齢厚生年金

■ 2つ以上の年金を受け取れる特例の代表的なケース（65歳以上の受給権者に限ります）

遺族厚生年金と老齢基礎年金
　（ただし「遺族基礎年金」と「老齢基礎年金」は選択）

遺族厚生年金と障害基礎年金
　（ただし「遺族基礎年金」と「障害基礎年金」は選択）

遺族厚生年金と老齢厚生年金
　（ただし遺族厚生年金の額と老齢厚生年金の額との差額を遺族厚生年金として支給）

2つの年金を受け取ることになったら…

　2つの年金を受けられるようになった場合には**年金受給選択申出書**の提出が必要になります。これは、現在受けている年金を選択し、そのまま受け続ける場合でも必要となりますので忘れずに提出しましょう。

選択替え

　受給選択によって選択しなかった年金は支給停止扱いとされるだけで、受け取る権利自体は残っています。

　もし、選択した一方の年金の権利を失ったり、支給が停止されるような場合、また、支給停止中の年金が選択して受け取っている年金より高額になった場合などは、新たに**選択替え**をすることで支給停止を解除することができます。

支給停止

　「妻や夫が受給権を有する期間の子に対する遺族基礎年金・遺族厚生年金」や「生計を同じくするその子の父または母がいるときの子の遺族基礎年金」は支給停止などの要件があります。

■ 遺族基礎年金と遺族厚生年金の受給権の消滅の要件

受給権者	①死亡したとき ②婚姻したとき（事実婚含む） ③離縁によって亡くなった方との親族関係が終了したとき ④直系血族または直系姻族以外の方の養子となったとき（事実上の養子縁組を含む）
子・孫	⑤18歳の誕生日の属する年度末を過ぎたとき（1級・2級の障害の状態があるときは20歳になったとき）もしくは18歳の誕生日の属する年度末後の20歳未満で障害（1級・2級）に該当しなくなったとき
父母・孫・祖父母	⑥亡くなった方の死亡当時胎児であった子が生まれたとき
妻	⑦夫が亡くなったときに子のない30歳未満の妻が、遺族厚生年金の受給権を取得してから5年を経過したとき ⑧遺族基礎年金と遺族厚生年金の受給権を有する妻が、30歳に到達する前に遺族基礎年金を受ける権利がなくなり、遺族基礎年金の受給権が消滅してから5年を経過したとき

※⑦⑧は平成19年4月1日以降に夫が亡くなった場合に限ります。

■ 年金請求書（国民年金・厚生年金保険遺族給付）の書き方

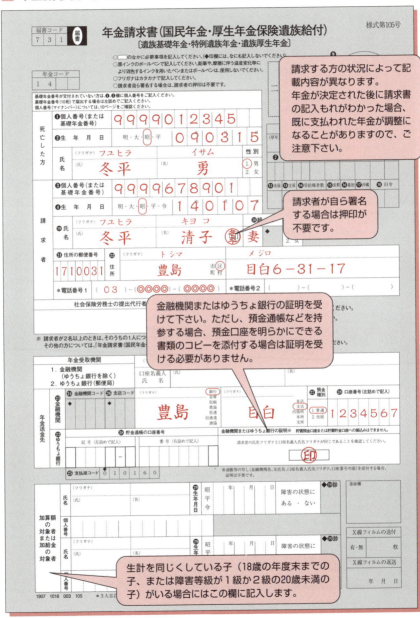

交通事故など、死亡の原因が第三者の行為による場合は、別途書類が必要です。

必ず記入してください。

	所	昭和9年 3月15日	住所 豊島区目白6-31-17

(2) 死亡年月日 | (3)死亡の原因である傷病または負傷の名称 | (4) 傷病または負傷の発生した日
令和2年 7月 23日 | 脳出血 | 年 月 日

(5) 傷病または負傷の初診日 | (6)死亡の原因である傷病または負傷の発生原因 | (7)死亡の原因は第三者の行為によりますか。
年 月 日 | | 1. は い ・ ②. いいえ

(8)死亡の原因が第三者の行為により発生したものであるときは、その者の氏名および住所
氏 名
住 所

(9)請求する方は、死亡した方の相続人になれますか。 ① は い ・ 2. いいえ

(10)死亡した方は次の年金制度の被保険者、組合員または加入者となったことがありますか。あるときは番号を○で囲んでください。

① 国民年金法 　② 厚生年金保険法 　3. 船員保険法（昭和61年4月以後を除く）
4. 廃止前の農林漁業団体職員共済組合法 　5. 国家公務員共済組合法 　6. 地方公務員等共済組合法
7. 私立学校教職員組合法 　8. 旧市町村職員共済組合法 　9. 地方公務員の退職年金に関する条例 　10. 恩給法

(11)死亡した方は、(10)欄に示す年金制度から年金を受けていましたか。 | ①. は い 2. いいえ | 受けていたときは、その制度名と年金証書の基礎年金番号および年金コード等を記入してください。 | 制 度 名 厚生年金 | 年金証書の基礎年金番号および年金コード等 9999-012345-1111

(12)死亡の原因は業務上ですか。 | (13)労災保険から給付が受けられますか。 | (14)労働基準法による遺族補償が受けられますか。
1. は い ・ ②いいえ | 1. は い ・ ②いいえ | 1. は い ・ ②いいえ

(15)遺族厚生年金を請求する方は、下の欄の質問に答えてください。いずれかを○で囲んでください。

ア 死亡した方は、死亡の当時、厚生年金保険の被保険者でしたか。	1. は い ・ ②いいえ
イ 死亡した方が厚生年金保険（船員保険）の被保険者若しくは共済組合の組合員の資格を喪失した後に死亡したときであって、厚生年金保険（船員保険）の被保険者若しくは共済組合の組合員であった間に発した傷病または負傷が原因で、その初診日から5年以内に死亡したものですか。	1. は い ・ ②いいえ
ウ 死亡した方は、死亡の当時、障害厚生年金（2級以上）または旧厚生年金保険（旧船員保険）の障害年金（2級相当以上）若しくは共済組合の障害年金（2級相当以上）を受けていましたか。	1. は い ・ ②いいえ
エ 死亡した方は平成29年7月までに老齢厚生年金または旧厚生年金保険（旧船員保険）の老齢年金・通算老齢年金若しくは共済組合の退職給付の年金の受給権者でしたか。	① は い ・ 2. いいえ
オ 死亡した方は保険料納付済期間、保険料免除期間および合算対象... 死亡した方が大正15年4月1日以前生まれの場合は通算対象期間）を合算した期...	

①アからウのいずれか、または工若しくはオに「はい」...⇒(16)にお進みください。

②アからウのいずれかに「はい」と答えた方で、エ...⇒下の□のうち、希望する欄に☑を付けてくださ...

□ 年金額が高い方の計算方法での決定を希...

□ 指定する計算方法での決定を希望する。⇒右欄のアからウのいずれか、または工若しくはオを○で囲んでください。 | ア・イ・ウ または エ・オ

(16)死亡した方が共済組合等に加入したことがあるときは、下の欄の質問に答えてください。

ア 死亡の原因は、公務上の事由によりますか。	1. は い ・ 2. いいえ
イ 請求者は同一事由によって、追加費用対象期間を有することによる共済組合法に基づく遺族給付を受けられますか。	1. は い ・ 2. いいえ

年金を受け取っていた方が亡くなった場合は死亡届が必要です。
また、亡くなった方が受け取るはずであった年金が残っているときは、「未支給年金・保険給付請求書」により請求することもできます。

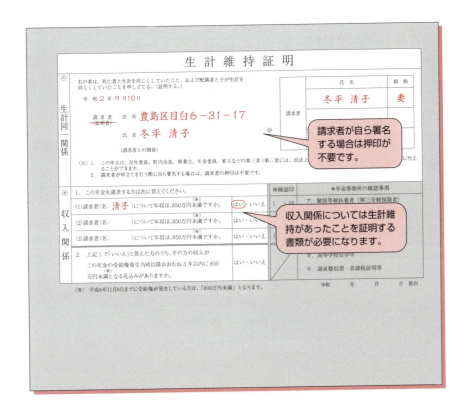

年金の支給

(1) 初回支給

年金請求の手続が終了すると**年金証書・年金決定通知書**が送付され、年金の支給が始まります。初回の支給は年金証書が送付されてから50日程度です。

(2) 定期支給

偶数月の15日（土・日・祝のときは、直前の平日）に支給されます。ただし初回支給やさかのぼって過去の支払が発生したときは、奇数月に支払われることもあります。

● 該当する方に必要な手続 ●

04 遺族基礎年金がもらえないとき

寡婦年金か死亡一時金のどちらかを選択して受給できる場合があります。

時効は寡婦年金5年、死亡一時金2年

遺族基礎年金の要件に該当しなかった場合でも高齢寡婦に対する所得補償や、納付した保険料が掛け捨てにならないように支給される**寡婦年金**と**死亡一時金**があります。受給要件を確認してみましょう。

両方の要件に該当する場合は、**選択**によってどちらか一方を受給することができます（選択しなかった方は受給権を失います）。

■ 寡婦年金を受給できる要件

亡くなった夫が	①国民年金の第1号被保険者として保険料を納めた期間（免除期間を含む）が10年以上である（※） ②老齢基礎年金を受けたことがない ③障害基礎年金の受給権者であったことがない
妻	①10年以上継続して婚姻関係にある ②65歳未満である
受給対象者・期間	60〜64歳の妻
時効	死亡日の翌日から5年
留意点	以下の点に該当する場合は請求できません。 ・夫が障害基礎年金をもらったことがあるもしくは年金受給権者であった ・妻が繰上げの老齢基礎年金をもらっている

※平成29年8月1日以降に夫が死亡した場合は10年、それ以前に亡くなった場合は25年。

■ 死亡一時金を受給できる要件

亡くなった方が	①国民年金の第1号被保険者として保険料を納めた期間が3年以上である ②老齢基礎年金・障害基礎年金を受けたことがない
受給対象者	生計を同一にしていた配偶者→子→父母→孫→祖父母→兄弟姉妹の順
時効	死亡日の翌日から2年
留意点	亡くなった方が老齢基礎年金、障害基礎年金のいずれかの年金を受給していたときおよび遺族基礎年金を受けることできる方がいるときは請求できません。

■ 寡婦年金・死亡一時金の請求方法

請求先	故人の最後の住所地の市区町村役場の窓口または最寄りの年金事務所等	
提出書類	国民年金寡婦年金裁定請求書・死亡一時金裁定請求書	
必要なもの※	・故人の年金手帳 ・故人と請求者の身分関係を明らかにすることができる戸籍謄本 ・世帯全員の住民票の写し ・故人の住民票の除票（世帯全員の住民票に含まれている場合は不要） ・請求者の収入が確認できる書類（所得証明書、課税（非課税）証明書、源泉徴収票等） ・年金証書（公的年金から年金を受けているとき） ・請求人の預金通帳または貯金通帳と印鑑（認印可）　など	
請求できる人	寡婦年金	故人の妻
	死亡一時金	配偶者→子→父母→孫→祖父母→兄弟姉妹

※市区町村や請求者によって提出すべき添付書類は異なることがあります。

受給できる額

　寡婦年金の額は夫の死亡した日の前日までの第1号被保険者としての被保険者期間について、老齢基礎年金の計算方法により計算した額の4分の3です。

　死亡一時金の額は、保険料納付済み期間の長さにより12万〜32万円です。なお、付加年金を3年以上納付していた場合は8,500円が死亡一時金に加算されます。

■ 死亡一時金の受給額（一括）

（令和2年8月現在）

保険料納付月	金　　額
36月以上 180月未満	120,000円
180月以上 240月未満	145,000円
240月以上 300月未満	170,000円
300月以上 360月未満	220,000円
360月以上 420月未満	270,000円
420月以上	320,000円

● 該当する方に必要な手続 ●

05 遺族厚生年金に加算される給付があるとき

18歳までの子がいない妻の遺族厚生年金に加算される給付があります。

すみやかに

　厚生年金の被保険者であった夫が亡くなった場合、遺族厚生年金の受給要件には該当するけれども遺族基礎年金の支給要件には該当しない妻や、遺族基礎年金の給付が終了した妻に加算される給付があります。

■ 中高齢寡婦加算を受給できる要件

亡くなった夫が	①下記の要件に該当する 　a．被保険者 　b．被保険者期間中の病気やケガが原因で初診日から5年以内に死亡したとき 　c．1級・2級の障害厚生年金の受給権者 ②老齢厚生年金の受給権者または受給資格期間を満たしている場合、厚生年金の被保険者期間が20年以上ある
妻が	①夫の死亡当時40歳（※1）以上65歳未満で子（※2）がいない ②夫の死亡当時40歳（※1）未満だったが、40歳に達した当時、子（※2）がいるため遺族基礎年金を受けていた
受給対象者・期間	妻が65歳に達するまで

※1　平成19年3月31日以前に夫が亡くなり遺族厚生年金を受給している方は35歳に読替。
※2　18歳の年度末を経過していない子または20歳未満で1級・2級の障害を持つ子。

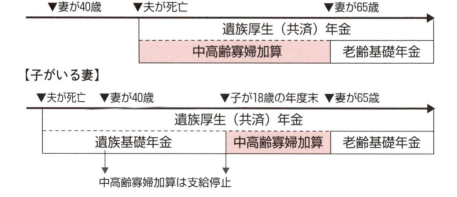

【子がいない妻】

【子がいる妻】

■ 経過的寡婦加算を受給できる要件

亡くなった夫が	厚生年金の被保険者期間が20年以上（または40歳以降に15年以上）ある
妻が	昭和31年4月1日以前生まれで65歳以上である
受給対象者・期間	65歳に達した妻（遺族厚生年金が支給し続けられる限り加算される）

【子がいない妻】

▼夫が死亡　　　　　　　　▼妻が65歳

遺族厚生（共済）年金	
中高齢寡婦加算	経過的寡婦加算
	老齢基礎年金

【子がいる妻】

▼夫が死亡　▼妻が40歳　　▼子が18歳の年度末　　▼妻が65歳

遺族厚生（共済）年金		
遺族基礎年金	中高齢寡婦加算	経過的寡婦加算
		老齢基礎年金

受給できる額（年額）

(令和2年8月現在)

（1）中高齢寡婦加算

586,300円が、妻が受ける遺族厚生年金に加算されます。

（2）経過的寡婦加算

経過的寡婦加算＝中高齢寡婦加算 － （老齢基礎年金の満額×乗率※）
　　　　　　　　（586,300円）

※乗率は、昭和2年4月2日から昭和31年4月1日までに生まれた方について、生年月日により12／312から348／480の間で決められています。

第3章　遺族年金等の手続

91

● 該当する方に必要な手続 ●

06 児童扶養手当を確認しましょう

遺族年金や一時金の要件に当てはまらなくても子
がいる場合は確認してみましょう。　　　　すみやかに

　配偶者が亡くなってしまった一人親家庭などの子のために、地方自治
体から児童扶養手当が支給されます。受給には一定の所得制限があり、
遺族年金等を受給している場合はもらえませんが、年金の額が児童扶養
手当より低い場合は差額を児童手当としてもらえます（お住まいの市区
町村役場で手続が必要です）。所得が低い方や遺族年金の受給要件に該
当しない方で子がいる場合には、最後の砦となり生活の安定を支える大
切な手当となります。

対象者と所得制限

　対象者は、日本国内に住所があって、18歳の誕生日の属する年度末ま
での子、もしくは20歳未満で障害（1級・2級）のある子を監護してい
る父、母、または父母に代わって子を養育している方です。
　受給者（父または母）や生計が同じ扶養義務者の所得が一定以上ある
ときは、手当の全部または一部の支給が停止されます。

■ 児童扶養手当の所得制限

扶養親族等	受給者の所得		扶養義務者等の所得
	手当の全額が受給 できる限度額	手当の一部が受給 できる限度額	
0人	49万円	192万円	236万円
1人	87万円	230万円	274万円
2人	125万円	268万円	312万円
3人	163万円	306万円	350万円
それ以上	1人増につき38万円増		

※所得は前年（1月から6月に申請した場合は前々年）の額で判断します。扶養人
　数は、税法上の扶養親族人数です。

92

■ 児童扶養手当の請求方法

提出先	お住まいの市区町村役場の窓口
必要なもの	・請求書（窓口で入手します） ・請求者と対象児童の戸籍謄本 ・世帯全員の住民票 ・請求者本人名義の通帳と印鑑 ・年金手帳 ・請求者のマイナンバーが確認できるもの ・請求者の身元が確認できるもの　　など

※市区町村によって提出すべき添付書類は異なることがあります。

■ 児童扶養手当の支給額（月額）

（令和2年8月現在）

児童の数	全部支給の手当の額	一部支給の手当の額※
1人	43,160円	43,150～10,180円
2人	児童1人の額に10,190円を加算	所得に応じて月額10,180～5,100円を加算
3人目以降	1人増すごとに、月額6,110円を加算	所得に応じて月額6,100～3,060円を加算

　児童扶養手当は、奇数月に年6回、それぞれ支払月の前月までの2か月分が支給されます。また、上記の金額は物価変動等の要因により改正される場合があります。

ポイントメモ　審査と現況届

　児童扶養手当は届出だけで支給されるというものではなく、市区町村に認定請求をして受給の審査を受ける必要があります。
　また、毎年8月に現況届の提出が必要です。現況届を2年間続けて提出しないと受給資格を失います。

| コラム | ● 仕事中や失業給付受給中に亡くなったとき |

（1）仕事中に亡くなったとき

遺族年金には**遺族補償年金（給付）**という制度もあります。

サラリーマンなどが働く会社は、**労働者災害補償保険（以下、「労災保険」といいます）**に加入していて、会社が保険料を支払っています。これは仕事中のケガなどに対応する保険で、一般の健康保険とは異なります。仕事中にケガなどをした場合は健康保険を使わず、労災保険を使うことになります。

この労災保険は仕事中の死亡事故などにも補償があります。これが**遺族補償年金**という制度で、対象になるのは労働者の死亡当時、**その人の収入で生計を維持されていた配偶者、子、父母、孫、祖父母、および兄弟姉妹**です。妻以外には細かい支給の要件があります。誰も支給要件に当てはまらない遺族には**遺族補償一時金**が支給される場合があります。

労災事故が起きた場合は、会社が手続をするのが義務ですが、万が一、会社が何もしてくれない場合は、会社の管轄地にある労働基準監督署に問い合わせてみましょう。

（2）失業給付受給中に亡くなったとき

失業保険（手当）を受給していたご家族が亡くなった場合、生計を同じくしていた遺族（配偶者、子、孫、祖父母、兄弟姉妹で1人だけに支給）は、亡くなった前日までの未支給分の失業給付を受け取ることができます。教育訓練給付、高年齢雇用継続給付、育児休業給付を受給していた方が亡くなった場合も同様です。

請求期限は死亡した日の翌日から6か月以内です。該当する場合は、亡くなった方の住所地のハローワークに確認してみましょう。

第4章

遺産を相続する手続の基本を確認しましょう

遺産相続手続の基本

　亡くなった方の残した財産を引き継ぐ遺産の相続も、とても重要な手続のひとつです。相続の手続の中には「いつまでに行わなければならない」という期限があるものがあり、期限を過ぎてしまうとできなくなってしまうものや不利益を受けてしまうものもあります。

　全体の流れを大まかに把握した上で、期限のある手続と自身に該当する手続を、この章で確認しておきましょう。

● 全員に必要なガイダンス ●

相続手続の基本を確認しましょう

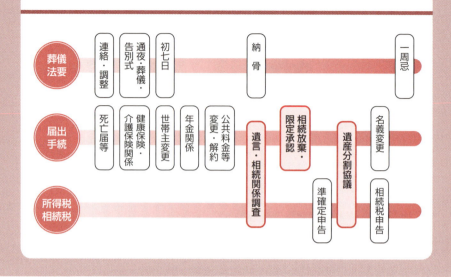

遺産相続とは？

用語確認「遺産」P20

　遺産相続の手続は、亡くなった方の残した財産を引き継ぐ手続で、誰もが関わる可能性のある手続です。遺言の有無、相続人、相続財産の内容により取るべき手続が変わってきます。順番に確認していきましょう。

チェック	行う手続	ひと言ポイント	リンク
	相続人の調査・確定	戸籍謄本等を取得	P98　P106
	遺言の捜索	自宅等を捜索	P101
	遺言の検認	公正証書遺言以外は確認	P102
	相続財産の調査・確定	相続の方向性を決定	P116
	相続放棄・限定承認	期限と要件に注意	P122
	遺産分割協議（調停・審判）	相続人全員の参加が必要	P126
	所得税の準確定申告	期限に注意	P52
	相続税申告	期限と納税時期に注意	第6章
	各種相続（名義変更等）手続	必要に応じて手続	第5章

遺産（相続財産）と考えられるものとは？

いわゆる相続財産とされるものには、どのようなものがあるでしょうか。現金や預貯金、株式などの有価証券、不動産、車などのプラスの財産だけではなく、住宅ローンを含む借入金や医療費の未払金などマイナスの財産も相続財産になります。また、特定の者を受取人として指定した生命保険については、法律上は相続財産とされませんが、税務上は相続財産とみなされます。

税法上の相続財産　P167

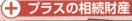
プラスの相続財産

- **現物財産**　現金・預貯金など
- **不動産**　土地・家屋
- **不動産上の権利**　賃借権・抵当権など
- **動産**　自動車・貴金属・骨董品・家財家具など
- **有価証券**　株式・国債・社債・ゴルフ会員権など
- **その他債権**　売掛金・貸付金・損害賠償請求権など
- **知的財産権**　著作権など
- **生命保険金**　故人が受取人のもの
- **電話加入権**

マイナスの相続財産

- **負債**　借金・ローンなど
- **保証債務**　原則として相続
- **損害賠償債務**　不法行為・債務不履行など
- **公租公課**　未納の税金など
- **買掛金**　営業上の未払代金など

相続財産とみなされないもの

- **祭祀財産**　墓地・仏壇・位牌・遺骨など
- **香典・葬儀費用**
- **その他**　故人のみに帰属する権利（一身専属権）など
- **生命保険金**　故人以外が受取人のもの
- **死亡退職金・葬祭費・埋葬料**

第4章　遺産相続手続の基本

●全員に必要な手続●

 誰が相続人になるか確認しましょう

まずは相続の基本を理解しましょう。
相続できる人というのは法律で定められています。　すみやかに

　ある人について相続が発生したときに**相続人**となる者と、原則的な相続の割合（**法定相続分**）は法律で決められています。具体的には下記のとおりです。

用語確認「相続人」P20　　相続放棄 P122

●**常に相続人　配偶者**
　配偶者がいる場合は、各順位の者と一緒に常に相続人となります。
●**第1順位　子（子が故人の場合は孫。孫も故人の場合はひ孫）**
　養子も実子と同じ相続分を有します。配偶者がいる場合の相続分は、配偶者が2分の1、子が2分の1となります。子が2人以上いる場合は、子の相続分を等分します。
●**第2順位　直系尊属（父母。父母が故人の場合は祖父母など）**
　子がいない場合は、直系尊属（父母。父母が故人の場合は祖父母）が相続人となります。養親も実親と同じ相続分を有します。配偶者がいる場合の相続分は、配偶者が3分の2、直系尊属が3分の1となります。
●**第3順位　兄弟姉妹（兄弟姉妹が故人の場合は甥、姪）**
　子も直系尊属もいない場合は、兄弟姉妹が相続人となります。配偶者がいる場合の相続分は、配偶者が4分の3、兄弟姉妹が4分の1となります。半分しか血がつながっていない兄弟姉妹の相続分は、全部血がつながっている兄弟姉妹の2分の1となります。

 相続欠格と廃除

　上記に該当する者でも、被相続人を殺害した者などは自動的に相続分を失います（**相続欠格**）。また、被相続人に虐待を加えていた者などは申立により相続人から**廃除**されることがあります。

相続人が先に亡くなっているときの代襲相続

第1順位である子が故人より先に死亡している場合は、孫が子に代わって相続します（代襲相続）。孫も先に死亡している場合はひ孫が相続します（再代襲相続）。第3順位である兄弟姉妹が先に死亡している場合は、甥・姪が代襲します。ただし、甥・姪の子は再代襲しません。

■ 相続人と法定相続分

順位	配偶者	配偶者以外の相続人	図
第1順位 子がいる場合 **子** 子が先に死亡している場合は孫、孫も先に死亡している場合はひ孫。	1/2	1/2 ・子が数人いるときは等分。 （例）子が2人の場合は各1/4ずつ	被相続人 × ─ 配偶者 1/2 子 1/4　子 1/4
第2順位 子なし、親ありの場合 **直系尊属**	2/3	1/3 ・親（直系尊属）が数人いるときは等分。	父 1/6　母 1/6 被相続人 × ─ 配偶者 2/3 子供なし
第3順位 子なし、親なしの場合 **兄弟姉妹** 兄弟姉妹が先に死亡している場合は甥・姪。（甥・姪も先に死亡している場合でも、甥・姪の子は相続人とならない。）	3/4	1/4 ・兄弟姉妹が数人いるときは等分。	父なし　母なし 兄弟姉妹　被相続人 × ─ 配偶者 3/4 1/8　1/8　　子供なし

 **非嫡出子と相続分**

法律上の婚姻関係のない男女間に生まれた子（非嫡出子）の相続分は、嫡出子の相続分の2分の1とされていましたが、平成25年の民法の改正により嫡出子の相続分と同等になりました。

● 全員に必要な手続 ●

02 遺言の基本について確認しましょう

遺言は相続の手続に大きな影響を与えます。
まずはその基本を確認しましょう。

できるだけ
すみやかに

亡くなった方が遺言を残していた場合は、原則として遺言の内容に従って相続手続などを行うことになります。　**遺言　P210**　**遺留分　P104**

遺言の効果

遺言により、法定相続分とは違う割合で相続をさせたり、相続人以外の者に財産を残したり（**遺贈**）することができます。遺言を実現させる者（**遺言執行者**）を指定することもできます。　**法定相続分　P99**

■ 代表的な遺言事項（遺言でできること）

1	認知（民法781条2項）
2	廃除・廃除の取消し（民法893条・894条2項）　**廃除　P98**
3	祭祀財産の承継者の指定（民法897条1項）
4	相続分の指定・指定の委託（民法902条）
5	遺産分割方法の指定・指定の委託（民法908条）
6	遺贈（民法964条）
7	遺言執行者の指定・指定の委託（民法1006条）

遺言の形式

法律上の効果が認められる代表的な方法には、自筆証書遺言、公正証書遺言、秘密証書遺言があります。その他に特別方式遺言（一般危急時遺言など）があります。それぞれ法律で定められた要件を満たしていないと具体的な相続手続ができません。公正証書遺言以外の遺言の場合には、原則として、相続開始後、家庭裁判所において検認という手続が必要になります。

検認　P102　**遺言の方法　P210**　**自筆証書遺言書保管制度　P213**

100

●全員に必要な手続●

03 遺言があるかどうか探しましょう

遺言の有無により相続の手続は変わります。
ここでは遺言の探し方を確認しましょう。

できるだけ
すみやかに

第4章 遺産相続手続の基本

　遺言の存在を知らされていない場合でも、遺言が残されているということは考えられます。自宅や病院、入所していた施設の大切なものを保管していそうな場所などを探してみましょう。貸金庫の契約をしている場合は、貸金庫内に遺言が残されていることもあります。念を入れて確認しましょう。

遺言検索システムの活用

　公正証書遺言の形式で遺言を残していた場合は、作成をした**公証役場**に原本が保管されています。最寄りの公証役場に出向き、**遺言検索**を行うことで、遺言があるかどうか確認することができます。（昭和64年1月1日以降に作成された公正証書遺言につき。）

　なお、令和2年7月10日から開始する自筆証書遺言の保管制度によって、法務局に自筆証書遺言を保管した場合は、所定の手続により、法務局に保管された自筆証書遺言があるかどうか確認することができます。

自筆証書遺言書保管制度　P213

■ 公正証書遺言検索の方法

（令和2年8月現在）

手続を行う場所	最寄りの公証役場
手続できる人	相続人、相続人の代理人など
必要なもの	遺言者の死亡および手続を行う方が相続人であることが確認できる戸籍謄本等 本人確認書類（印鑑証明書及び実印　など） 代理人の場合は委任状　など　　戸籍　P106
手数料	検索は無料 （閲覧は200円／1回、謄本は250円／1枚）

※閲覧・謄本の請求は作成した公証役場でのみ可能です。

101

● 公正証書遺言以外の遺言があった場合 ●

04 公正証書遺言以外の遺言は検認をしましょう

公正証書遺言以外の遺言の場合は、原則として家庭裁判所での検認という手続が必要です。

できるだけ
すみやかに

　遺言にはいくつかの形式がありますが、公正証書遺言以外の形式で遺言が残されていた場合は、その遺言を保管していた人や発見した相続人は、家庭裁判所に遺言書を提出し、**検認**の手続をしなければなりません。（例外として、自筆証書遺言書保管制度を利用した場合は、自筆証書遺言であっても検認の手続は必要ありません。） 自筆証書遺言書保管制度 P213

　検認とは、相続人に対して遺言の存在と内容を知らせるとともに、遺言書の形状や状態、日付、署名など検認の日現在における遺言書の内容を明確にして、遺言書の偽造・変造を防止するための手続です。

　検認の手続が終了すると、遺言書に検認済み証明書を添付したものが交付されます。公正証書遺言以外の遺言によって相続の手続を行うには、この検認済み証明書が添付された遺言書が必要になるのです。

■ 検認手続の一般的な流れ

遺言書検認の申立て → 家庭裁判所から相続人に検認期日通知 → 家庭裁判所で相続人が立会い開封・検認 → 検認済み証明書申請・検認済み証明書付遺言書を受領

■ 遺言書の検認の申立方法

（令和2年8月現在）

検認が必要な遺言	公正証書遺言以外の遺言　　例外 P213
申立人	遺言書の保管者、遺言書を発見した相続人
申立先	遺言者の最後の住所地の家庭裁判所
必要なもの	申立書（裁判所の窓口か、裁判所のウェブサイトからダウンロードして入手します）、相続関係を証する戸籍（除籍・改製原戸籍）謄本一式　参照 P106　など
手数料	収入印紙800円分、連絡用の郵便切手

※遺言書は検認期日に持参するのが一般的な実務上の取り扱いです。封が閉じられた状態で発見されたものは開封しないようにしましょう。

■ 遺言書の検認申立書の書き方

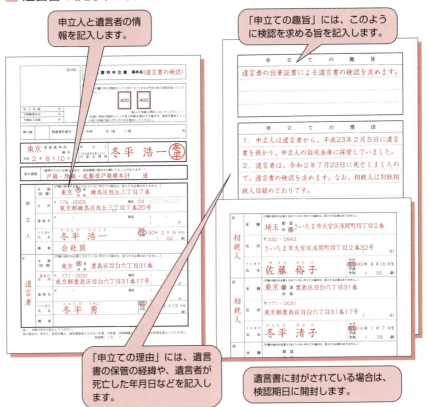

 **検認しても使えない遺言がある？**

　検認は裁判所が関与する手続ですが、検認によって遺言の具体的な内容や形式の有効性が判断されるわけではありません。

　そのため、遺言の文言に問題がある場合などには、たとえ検認手続が済んでいても、遺言の効力自体が否定され、実際の相続手続には使用できないという可能性もあります。（この点は自筆証書遺言書保管制度を利用した遺言もほぼ同様です。）頭に入れておきましょう。

● 遺言が残されていた場合 ●

05 遺留分について確認しましょう

兄弟姉妹以外の相続人は、相続につき一定の割合の権利が保障されています。

**できるだけ
すみやかに**

　遺言によって法定相続分とは違う割合で相続人に相続させたり、相続人以外の者に遺贈したりすることができますが、兄弟姉妹以外の法律で定められている相続人には、遺言の内容にかかわらず最低限相続できる権利（**遺留分**）が認められています。具体的には被相続人の財産の2分の1（直系尊属のみが相続人の場合は3分の1）です。　**遺言 P210**

　これらの者は、遺留分を侵害している者に対する請求（**遺留分侵害額請求**）によって上記の相続分に応じた金銭を確保することができます。

　一方、遺留分侵害額請求を受けた者が金銭をすぐに準備できない場合は、裁判所に支払期限の猶予を求めることができます。

　なお、遺留分侵害額請求は、相続開始及び遺留分を侵害する贈与または遺贈のあったことを知ったときから1年経過するか、相続開始のときから10年経過したときは行うことができなくなるので注意が必要です。

■ 遺留分の割合

参考　法定相続分　P99

相続人	遺留分全体の割合	各相続人の遺留分割合	
		配偶者	その他の相続人
配偶者のみ	2分の1	2分の1	—
配偶者と子		4分の1	4分の1を人数で等分
配偶者と親		3分の1	6分の1を人数で等分
配偶者と兄弟姉妹		2分の1	なし
子のみ		—	2分の1を人数で等分
直系尊属のみ	3分の1	—	3分の1を人数で等分
兄弟姉妹のみ	なし	—	なし

104

■ 遺留分侵害額請求書の書き方一例

> 遺留分を侵害している者を特定して記入します。

遺留分侵害額請求書

受取人
東京都大田区鵜の木四丁目8番12号
冬平 慎一郎 殿

> 遺留分侵害額請求権を行使する旨を具体的に記入します。

　被相続人である冬平勇は、令和2年7月23日に死亡しましたが、私はその相続人の一人です。
　被相続人は、遺産の全てを貴殿に対し遺贈するとの遺言を作成していたようですが、その遺言が、私の遺留分を侵害することは明らかです。
　冬平勇の遺産総額は金6,000万円であるところ、冬平勇の相続人は、私の母、兄及び私の3名ですので、私の遺留分は、その8分の1にあたる金750万円となります。
　よって、私は、貴殿に対し、遺留分侵害額請求権を行使して、金750万円の支払いを求めます。

令和2年　9月　3日

> 遺留分侵害額請求権を行使したことを証明できるように、配達証明つきの内容証明郵便で送付するのがベターです。その場合は、内容証明郵便の方式に従って作成します。

差出人
さいたま市大宮区浅間町四丁目2番32号
被相続人　冬平　勇　相続人　佐藤　裕子

※遺留分侵害額請求の制度は令和1年7月1日以降の相続が対象です。それより前の相続については遺留分減殺請求を行います。

ポイントメモ 遺留分の放棄

　遺留分を請求する権利は放棄することもできます。故人の遺言や贈与について理解し、故人の想いを尊重するのであれば、必ずしも権利を行使する必要はありません。

　遺留分は、遺留分侵害額請求をしてはじめて認められるものなので、故人の死後、遺留分を放棄する場合は改めて手続をする必要はありません。

　なお、この遺留分の放棄は、家庭裁判所の許可を得た場合に限り、相続開始前に行うことも可能です。相続開始後と異なり、生前の遺留分の放棄には家庭裁判所での手続が必要な点に留意しましょう。

　ちなみに、相続放棄は相続開始前に行うことはできませんので併せて確認しておきましょう。

相続放棄　P122

●全員に必要な手続●

06 戸籍から正確な相続人を特定しましょう

正確な相続関係を特定するためには、
戸籍を読み解く作業が必要になります。

できるだけ
すみやかに

相続の手続や届出を行う際には、相続関係を証明する戸籍謄本等の提出が求められることが多いです。相続手続を行う場合には、金融機関や法務局などにおいても、戸籍により正確な相続関係を把握する必要があるためです。ここでは、**相続関係を証する戸籍**の集め方やポイントについて確認しましょう。 　手続に必要な証明書 P44　　法定相続情報証明制度 P110

（1）戸籍はさかのぼって取得

亡くなった方の死亡事項の記載ある戸籍（除籍）謄本だけでは、その方の相続関係を証明するのに十分ではありません。戸籍は転籍や法改正、婚姻などにより都度新しくつくられますが、その際に既に抹消された情報は基本的に新しい戸籍に記載されず、相続人全員の確認ができないためです。そのため、相続関係を証明するためには、亡くなった方の一生でつくられた全ての戸籍をさかのぼって順番に取得する必要があります。

（2）相続関係を特定するということ　　法律上の相続人 P98

亡くなった方の戸籍をさかのぼって取得していき、他に相続人がいないことを特定します。兄弟姉妹が相続人となる場合は、両親の戸籍もさかのぼって取得し、他に兄弟姉妹がいないこと（両親に他に子がいないこと）を証明する必要があります。また、相続人の現在の戸籍を取得し、相続開始時点で生存しており、相続の権利があることを証明します。

（3）遺言がある場合　　遺言 P100　　検認 P102

正式な遺言がある場合は、亡くなった方の死亡事項の記載ある戸籍（除籍）謄本と相続人あるいは受遺者であることの証明のみで足りる場合もあります。遺言がある場合は、他に相続人がいないことまで戸籍で証明する必要がなくなるためです。ただし、遺言書の検認などを行う場合は、原則、出生までさかのぼる戸籍や相続人の現在の戸籍が必要になります。

106

■ 戸籍全部事項証明書（戸籍謄本）のひな型と読み取り方

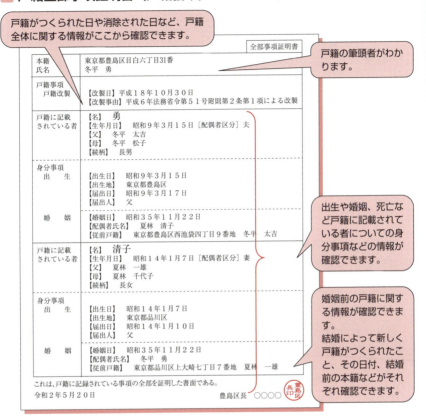

コラム ● 想定していない相続人が出てきたら？

　戸籍を確認した結果、想定外の相続人が見つかる、ということもあります。想定外の相続人であっても、その相続人を除いて手続を進めることは基本的にできません。手紙を送ったり、直接会いに行ったりするなどして状況を説明し、協力してもらう必要があります。場合によっては弁護士などの専門家に依頼する必要が出てくるかもしれません。

遺産分割の無効　P126

戸籍謄本等の取得方法

（1）請求可能な者

戸籍謄本等は誰でも請求できるものではなく、本人や配偶者、直系尊属、直系卑属など、個人情報保護の観点から法律で請求できる者が制限されています。それらの者以外の者が請求する場合には、取得する理由を明らかにする資料などを提出しなければなりません。

（2）請求方法

戸籍謄本等は本籍地の市区町村役場に請求します。請求する者は、免許証などの本人確認書類を提示する必要があります。また、戸籍謄本等を請求可能な者であることを証明する書面の提出を求められることもあります。請求可能な者から委任を受けた者は、委任状が必要です。必要な書類をそろえて、請求書、手数料とともに窓口に提出します。

（3）郵送による請求

戸籍謄本等をたどっていくと、場合によっては遠方の市区町村役場への請求をしなければならないことがあります。戸籍謄本等は郵送により請求することも可能です。郵送請求の場合、申請書などは市区町村役場のウェブサイトからダウンロードすると便利でしょう。手数料は定額小為替を用意して同封するか現金書留の方法などにより納付します。

■ 戸籍の取得方法

（令和2年8月現在）

取得する理由	相続が発生したこと等を証明するため
申請できる人	本人・配偶者・直系血族・代理人（要委任状）など
取得できる窓口	本籍がある（あった）市区町村役場（郵送可）
取得に必要な費用	除籍謄本・改製原戸籍謄本　　　　1通 750円※ 戸籍謄本　　　　　　　　　　　　1通 450円※
必要なもの （他の書類が必要 になる場合あり）	申請書（窓口か、市区町村役場のウェブサイトからダウンロードして入手します）　身分証明書 郵送の場合は定額小為替と返信用封筒（切手） 代理の場合は委任状　など

※市区町村により異なる場合があります。

具体的な戸籍のたどり方

ポイントはその戸籍謄本等がつくられた日（または対象となる者がその戸籍に載せられた日）とその前の戸籍のありかを確認することです。

窓口で請求する場合は、窓口で役所の方に「相続手続で使いたいのでこの役所で取得できる戸籍謄本等をすべて請求したい」旨を伝え、取得できたら「次はどこで取得したらいいか」を聞いてみるといいでしょう。

■ 戸籍をたどる作業のポイント

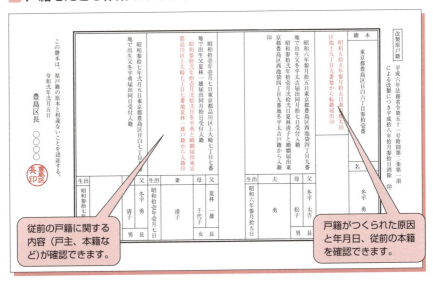

コラム ● 戸籍がつながらない場合

戦災による消失や保存期間の経過による廃棄などにより、古い除籍謄本や改製原戸籍謄本が取得できないことがあります。そうすると、相続関係を特定する証明が一部不足することになります。

このような場合は、それぞれの手続を行う先に対応方法を確認しましょう。追加で何らかの書類の提出を求められる可能性があります。

確認しておきましょう ▶ 法定相続情報証明制度

相続手続に役立つ「法定相続情報証明制度」のことを知っておきましょう。

　相続の手続や届出などで提出を求められる戸籍謄本等の相続関係を証明する書類。手続先・届出先となる法務局や金融機関などでそれぞれに調査・確認を行うため、手続や届出を行いたい窓口ごとにその都度書類を一式提出しなければならない、というのがこれまでの取り扱いでした。

　確認が終わると原本を戻してくれる窓口も多いのですが、戻してもらえない場合には同じものを取得しなければならなかったり、あらかじめ同じものを何通も取得しておかなければならなかったりというのが手続や届出を行う人にとって負担となっています。　　　　**原本の還付 P45**

　また、法務局や金融機関などがそれぞれ提出された戸籍を一からすべてチェックする状況が各窓口においても負担となり、手続完了までに時間がかかる原因の一つにもなっていました。

　このような負担を軽減することなどを目的として、平成29年5月29日から**法定相続情報証明制度**が始まりました。

　ここで、法定相続情報証明制度について確認しておきましょう。

■ 法定相続情報証明制度の概要

●制度を利用しない場合

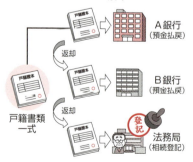

●制度を利用する場合

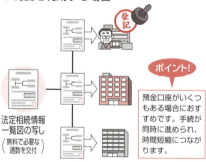

110

■ **法律上の相続人に関する情報を1通に**

　戸籍関係の書類を一式そろえて、法定相続情報一覧図を作成し、必要事項を記載した申出書によって法務局に申出を行います。

　法務局の確認が完了すると、認証文のついた法定相続情報一覧図の写しが交付されます。

　この認証文のついた法定相続情報一覧図の写しがあれば、各種相続手続において戸籍関係の書類一式の代わりに使用できるようになります。

　金融機関などにおいても負担が軽減されるもので、最近は必要書類の案内に記載されることも増えてきましたが、念のため手続を行う金融機関などに使用方法についてあらかじめ確認するようにしましょう。

> 金融機関での手続　P140

■ **法定相続情報一覧図の写しの取得方法**

申出できる人	被相続人の相続人・資格者代理人（弁護士、司法書士、土地家屋調査士、税理士、社会保険労務士、弁理士、海事代理士及び行政書士）・委任を受けた親族
申出できる法務局 （いずれか）	①被相続人の本籍地 ②被相続人の最後の住所地 ③申出人の住所地 ④被相続人名義の不動産の所在地
申出に必要な費用	無料（戸籍謄本等の取得にかかる費用は除く）
必要なもの （他の書類が必要になる場合あり）	申出書（法務局の窓口か、法務局のウェブサイトからダウンロードして入手します）、法定相続情報一覧図 相続関係を証する戸籍関係の書類一式　参照 P106 被相続人の住民票の除票、申出人の本人確認書類 郵送で申出を行う場合は返信用封筒　など

第4章　遺産相続手続の基本

■ 法定相続情報証明申出書の書き方

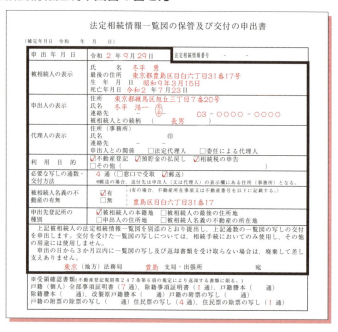

■ 法定相続情報一覧図の作り方

- 下から5cmの範囲に認証文が付されるので、可能な限り下から5cmの範囲には記載をしないで下さい。
- 上のような関係図の形にせず、被相続人・相続人を列挙する形式でもOKです。
- 手書きでも、明瞭に判読できるものならば可とされます。
- A4判の丈夫な白い用紙を縦長に置いて作成します。

■ **法定相続情報一覧図の写しの見本**

 法定相続情報証明制度の注意点

　法定相続情報は、あくまで戸籍謄本等の情報のみから作成されるものであるため、相続放棄に関する事項などは記載されません。

　また、被相続人や相続人が日本国籍を有しないなど、戸籍謄本等を提出できない場合には、制度を利用することができません。

　なお、5年間の保管期間中は再交付も可能ですが、個人情報保護などの兼ね合いから再交付の申出ができるのは、原則として当初の申出人に限られ、他の相続人が再交付を希望する場合には、当初の申出人からの委任状が必要です。

● 全員に必要な手続 ●

07 住民票の写し・印鑑証明書を取得したいとき

住民票の写しと印鑑証明書について、
その取得方法を確認しましょう。

必要に応じて

　様々な手続の中で、相続人の印鑑証明書や住民票の写し、亡くなった方の最後の住所地を証明する住民票（除票）の写しを求められることがあります。必要に応じて取得しましょう。

手続に必要な証明書　P44

住民票の写しの取得方法

　住民票の写しは、住所地の市区町村役場に請求します。住民票の写しについても戸籍謄本等と同様に、個人情報保護の兼ね合いから取得できる者が制限されています。

戸籍謄本等の請求　P108

申請できる人	本人・同一世帯の者・代理人（要本人の委任状）など
取得できる窓口	住民登録している（していた）市区町村役場（郵送可）
取得に必要な費用	市区町村によって異なる
必要なもの （他の書類が必要になる場合あり）	申請書（窓口か、市区町村役場のウェブサイトからダウンロードして入手します）　身分証明書 郵送の場合は定額小為替と返信用封筒（切手） 代理の場合は委任状　など

コラム　●コンビニエンスストアでの証明書等の自動交付

　マイナンバーカード（または住基カード）を利用して、住民票の写しや印鑑証明書などの証明書をコンビニエンスストア等に設置されている端末から取得できるサービスが、700以上の市区町村で提供されています。毎日6時30分から23時まで利用できるので、導入されている市区町村であれば大変便利です。（令和2年8月現在。詳しくはコンビニ交付に関するサイト（https://www.lg-waps.jp/）をご確認下さい。）

印鑑登録証明書の取得方法

　遺産相続の手続において、相続人の印鑑証明書の提出を求められる場面があります。

　印鑑証明書は、住所地の市区町村役場で請求します。印鑑登録を行った際に発行された印鑑登録証（印鑑カード）を窓口に提出します。

　なお、印鑑証明書を発行してもらうためには印鑑登録を済ませる必要があります。印鑑登録を行っていない場合は、まず印鑑登録を行いましょう。印鑑登録がされた印鑑のことを一般的に**実印**と呼びます。

　実際に各種手続を行う場合に求められる印鑑証明書については、6か月以内のものなど期限を確認されることがほとんどです。二度手間にならないようまとめて取得して準備してもよいですが、印鑑証明書以外の書類についても提出期限には注意しておきましょう。

申請できる人	本人・代理人（本人の印鑑カードが必要）
取得できる窓口	印鑑登録している市区町村役場（郵送不可）
取得に必要な費用	市区町村によって異なる
必要なもの	申請書（窓口にあります） 印鑑カード（印鑑カードがあれば代理の場合も委任状不要）

ポイントメモ　海外に居住する者の場合

　日本のような印鑑登録の制度がある国というのはほとんどありません。では、相続人の中に日本に住民登録のない者がいるときはどうしたらよいのでしょうか。この場合は実印の押印が求められる書類にその者がサインをして、そのサインについて大使館や領事館、現地の公証人から証明を受けるという方法が一般的です。ただし、サイン証明のみでは足りない場合もありますので、提出先・届出先に確認しましょう。

● 全員に必要な手続 ●

08 相続手続が必要な財産を探しましょう

大切な方が残した財産。どのようなものが
あるのか、探し方を確認しましょう。

すみやかに

相続手続を行うにあたって、どのような相続財産があるかを調べることは非常に重要です。相続財産全体を把握しなければ間違った手続を選択してしまうことも考えられます。

相続財産一覧　P97

自宅などを探しましょう

本人の自宅を中心に相続財産の資料となりそうなものを探しましょう。まずは自宅の金庫や引き出し、棚、仏壇など、大事なものを保管していそうな場所を探します。貸金庫の契約をしている形跡があれば、貸金庫内に大切な書類が残っている可能性が高いです。なお、貸金庫を契約者以外の者が開ける場合には、戸籍謄本等の提出が求められます。

【相続財産調査の手がかりとなるもの】
・通帳、カード、金融機関の粗品（預貯金、投資信託など）
・権利証、登記簿謄本、売買契約書、納税通知書（不動産など）
・株券、金融機関等からの郵便物（有価証券など）
・借用書、請求書（負債など）、確定申告書の控え

通帳や郵便物がヒントになります

金融機関の通帳があれば、預貯金の存在を確認できますが、それ以外にも、その通帳に記載された具体的な引き落としや入金、振込などの取引明細から株式や投資信託の存在、何らかの返済をしていれば負債の存在なども見つけられる可能性があります。

また、金融機関や証券会社と取引があった場合や生命保険などの契約をしている場合は、何らかの郵便物が届いている可能性があります。

照会の方法

（1）不動産の場合：登記事項証明書、名寄帳など関連資料の取得・閲覧

　本人宛に届いている固定資産税納税通知書、本人が管理していた不動産の権利証（登記識別情報通知）、購入当時の売買契約書などから、不動産の地番や家屋番号を調べ、法務局で登記事項証明書を取得し不動産の権利関係を確認しましょう。また、名寄帳を閲覧することで、原則として同一市区町村内にある故人所有の不動産を確認することができますので、不動産の詳細が不明な場合などは、念のため取得してみましょう。

■ 不動産登記事項証明書の取得方法
（令和2年8月現在）

取得できる場所	法務局（原則として全国どこでも取得できる）	
取得できる人	誰でも可	
提出書類	申請書（法務局の窓口か、法務局のウェブサイトからダウンロードして入手します）	登記事項証明書は不動産の所有者など権利関係が確認できる証明書です。
手数料	1通600円（窓口請求・郵送請求）	

■ 名寄帳の閲覧方法

取得できる場所	市区町村役場（東京23区は都税事務所）
取得できる人	所有者、相続人など
提出書類	申請書（窓口か、市区町村役場のウェブサイトからダウンロードして入手します）、本人との関係を証する資料、身分証明書　など
手数料	市区町村により異なる

（2）その他の財産の場合：直接問い合わせ

　金融機関や証券会社、保険会社との取引をしていた可能性がある場合は、それぞれ直接連絡をして、取引内容を確認しましょう。借入れなど負債がありそうな場合も直接確認しましょう。なお、残高証明書の請求など取引内容を確認する場合には、戸籍謄本等の提出が求められます。

戸籍謄本等の請求　P108　　各種照会の方法　P140

確認しておきましょう ▶ デジタル遺品のこと

スマホやパソコンなどに残る「デジタル遺品」について確認しましょう。

　身近な人が亡くなった際に、亡くなった方のパソコンやスマホ、それらに残るデータをどのように取り扱えばよいか、ということを考えなければならない時代になりました。

　金融機関もペーパーレス化を進めており、紙の通帳が発行されないことも増えました。ネット銀行やネット証券などに口座を開設している場合、相続手続に際して、情報を早期に把握する必要があります。

　パソコンや携帯、スマホに保存された写真や文書、ブログやSNS、ホームページのデータやアカウントなども含めて、実体がない遺品のことがデジタル遺品と呼ばれています。

■ 一般的なデジタル遺品の種類

ネット銀行やネット証券の口座の有無

　パソコンやスマートフォンについて、本人からIDやパスワードなどを伝えられていれば、伝えられていた者はメールや各種ファイル、ブックマークなどから必要な情報を確認していくことができます。

相続財産 P97

取り扱いが難しいさまざまな情報

　そもそも、ロックやパスワードを解除できない場合、専門の業者などに依頼をすることも考えられますが、費用が高額になる可能性があることと、依頼しても解除できないことがある点には注意が必要です。

　また、亡くなった方が見られたくなかったであろう写真や文書などのデータを、残された家族が確認してもよいかという点については、法的にも取り扱いが難しい部分もあります。

生前のコミュニケーションが重要

　デジタル遺品を整理するサービスを提供する業者もありますが、サービスの永続性なども含め、信頼できる業者か見極めが必要です。

　いざという時に残された家族が困らないよう、パスワードなどの情報はメモに残すなどの形で、それぞれが保管するのが望ましいです。

　ただし、重要な情報なので保管方法には十分注意しましょう。

エンディングノート P216

■ 伝えておきたい情報の一例
- □　ネット銀行、ネット証券の情報
- □　各種利用サービスのＩＤやパスワード
- □　確認しないで削除してほしいデータ　など

第4章　遺産相続手続の基本

09 相続財産をどうするか検討しましょう

● 全員に必要な手続 ●

相続財産を洗い出したら、整理した上で
取るべき手続を確認しましょう。

できるだけ
すみやかに

相続財産が確定したら、全体を整理しましょう。相続財産の額や負債の有無によって、取るべき手続が変わってきます。それらの手続には期限があるものもありますので、すみやかに確認しましょう。

相続するか放棄するか

相続財産が少なく、負債のほうが大きい場合は、**相続放棄**の手続を検討しましょう。相続放棄を行うと**相続人にならなかったものとみなされます**。相続放棄を行うと相続財産を受け取る権利を失いますので慎重に判断する必要があります。相続財産があっても一切相続するつもりがなく、関与したくないという方も相続放棄の手続を行うとよいでしょう。

相続放棄 P122

申告が必要か否か

相続財産が一定の金額を超える場合などは、税務署への相続税の申告が必要になります。

相続税申告 第6章

 **相続放棄、相続税申告と期限**

相続放棄や相続税申告には期限が定められています。定められた期限を過ぎてしまうと相続放棄はできなくなり、相続税には延滞税などが課せられてしまいます。

相続放棄 P122　延滞税 P205

相続放棄や相続税申告など期限の定めのある手続が必要と思われる場合には、逆算して相続財産の調査、相続人の調査をすみやかに済ませておく必要があります。

相続財産調査 P116　相続人の特定 P106

■ 相続の内容による手続チャート（遺言がない場合）

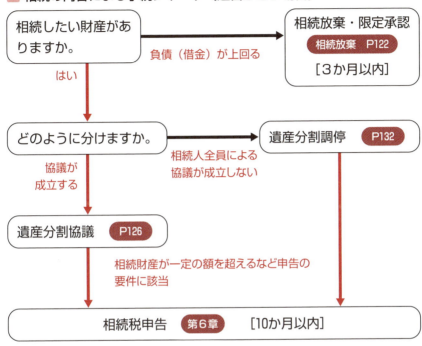

ポイントメモ　事実婚・内縁の配偶者の場合

　法律上の婚姻関係にない配偶者には、法律上の相続権がありません。そのため、亡くなった方が遺言等を残していない場合には、相続財産を受け取る権利がありません。また税金の優遇も受けられません。事実婚・内縁のご夫婦は、法律婚のご夫婦に比べて、相続に備えてしかるべき対策を取っておく必要性が高いといえます。

　なお、すべての相続人が相続放棄するなど、法律上の相続人が存在しない場合は、最終的に相続財産は国庫に帰属します。相続人が存在しない場合、事実婚・内縁の妻などは特別縁故者として、家庭裁判所に対して相続財産の分与請求を行うことができます。

● 該当する方に必要な手続 ●

⑩ 借金を相続したくないとき

たくさんの借金を抱えていた場合、
その借金を相続しないことができます。

3か月以内

相続人は、プラスの財産だけでなく、マイナスの財産も相続すること
になります。預貯金や不動産などのプラスの財産がほとんど存在せず、
多額の借金だけが残ってしまうような場合に、必ず相続しなければならないとすると残された相続人にとっては酷なことになります。そこで、相続人には**相続放棄**という手続が認められています。相続放棄をすることで、その者は最初から相続人ではなかったとみなされるのです。

しかし、適宜の方法で相続放棄ができてしまったり、期限なくいつでも相続放棄ができてしまったりすると、権利関係がいつまでも不安定な状態となってしまい、法的な安定性を保てなくなってしまいます。そのため、法律上手続の要件と期限が定められています。

相続放棄の効果

相続放棄をした者は、その相続に関しては、**初めから相続人とならなかったものとみなされます**ので、相続財産を一切相続しないことになります。また、代襲相続が認められる欠格や廃除の場合とは違い、たとえ相続放棄をした者に子が存在したとしても、代襲相続は発生しません。

代襲相続 P99　　欠格・廃除 P98

相続放棄の申述

相続放棄をしようとする者は、**自己のために相続の開始があったことを知ったときから3か月以内に**その旨を家庭裁判所に申述しなければなりません。相続放棄の申述は、被相続人の最後の住所地の家庭裁判所に対して行います。相続人が未成年者や成年被後見人などの場合、原則としてその者の法定代理人が、相続放棄の手続を代理します。

122

次順位の相続人

　先順位の相続人が全員相続放棄をした場合、次の順位の者が相続人になることになります。次の順位の者も相続放棄をしたい場合、同じように家庭裁判所に対して相続放棄の申述を行うことで、初めから相続人にならなかったものとみなされます。

法定相続人の順位　P98

　次の順位の者も相続放棄をするには、定められた期限内に手続を行わなければなりませんので、先順位で相続放棄をした者は、その旨を次の順位の者に教えてあげると親切です。

■ 相続放棄の申述方法

（令和２年８月現在）

申述人	相続人
申述期間	自己のために相続の開始があったことを知ったときから３か月以内
申述先	被相続人の最後の住所地の家庭裁判所
申述費用	収入印紙800円分、連絡用の郵便切手
必要なもの	申述書（裁判所の窓口か、裁判所のウェブサイトからダウンロードして入手します）、被相続人の住民票の除票または戸籍の附票、申述人の戸籍謄本、被相続人の死亡および申述人が相続人であることが確認できる戸籍謄本等　など

ポイントメモ　限定承認とは ....

　限定承認とは、故人が残した相続財産について、プラスの相続財産の範囲内でマイナスの財産を引き継ぐというものです。共同相続人全員で、自己のために相続の開始があったことを知ったときから３か月以内に申述しなければならないとされています。

　事案によっては選択したほうがよいこともありますが、手続が若干複雑なため、判断に迷ったときは専門家への相談をおすすめします。

123

■ 相続放棄申述書の書き方

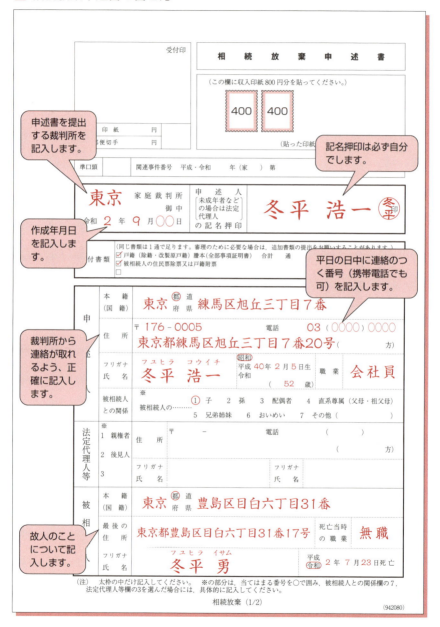

相続放棄 (1/2)

124

第4章 遺産相続手続の基本

申　述　の　趣　旨
相 続 の 放 棄 を す る 。

亡くなった人が残した財産（負債を含む）について記入します。

申　述　の　理　由

※ 相続の開始を知った日…………平成・(令和) 2 年 7 月 23 日

① 被相続人死亡の当日	3　先順位者の相続放棄を知った日
2　死亡の通知をうけた日	4　その他（　　　　　　　　　）

放　棄　の　理　由	相　続　財　産　の　概　略
※ 1　被相続人から生前に贈与を受けている。 2　生活が安定している。 3　遺産が少ない。 4　遺産を分散させたくない。 ⑤　債務超過のため。 6　その他	資 産

資産欄:
- 農 地……約＿＿＿平方メートル　現 金 預貯金……約 50 万円
- 山 林……約＿＿＿平方メートル　有価証券……約＿＿＿万円
- 宅 地……約＿＿＿平方メートル
- 建 物……約＿＿＿平方メートル
- 負 債………………………約 500 万円

（注）　枠の中だけ記入してください。　　　※の部分は，当てはまる番号を○で囲み，申述の理由欄の4，放棄
　　　　の理由欄の6を選んだ場合には，（　　）内に具体的に記入してください。

1から5に該当しないときにここに理由を記入します。

相続放棄（2/2）

● 遺言がない場合に必要な手続 ●

⑪ 相続財産の分け方を決めましょう

遺言が存在しない場合は、
相続人全員で相続財産の分け方を決めます。

できるだけ
すみやかに

　有効な遺言が存在していて、遺言に相続財産の分け方に関する記載がある場合は、原則として（亡くなった方の最後の意思を尊重した）遺言の記載に従います。ちなみに、遺言が2通以上存在している場合は、内容が相反する部分について、前の遺言が撤回されたものとみなされます。

　遺言が存在しない場合は、原則として相続人全員で遺産の分け方を決めます。これを一般に**遺産分割協議**といいます。なお、相続放棄をした者は、遺産分割協議には参加しません。

相続放棄　P122

遺産分割協議の基本

　遺産分割協議は相続人全員で行う必要があります。必ずしも一つの場所に集まって行う必要はありませんが、行方不明者や未成年者、認知症となった者なども、相続人である以上は関与が必要です。これらの者についてはそれぞれ**不在者財産管理人、親権者または特別代理人、成年後見人**などが本人の代わりに遺産分割協議に参加します。

特殊なケース　P135

　なお、相続人のうち1人でも協議に参加していない者がいる場合、その遺産分割協議は**無効**です。協議が難しい場合は家庭裁判所に**遺産分割調停**を申し立てましょう。

遺産分割調停　P132

相続税申告との兼ね合い

　単純に相続人それぞれの希望により分配する方法もありますが、場合によっては相続税申告及び相続税の納税まで考慮した分配を行う必要が出てくる場合もあります。相続税申告が必要な場合は税理士への相談をおすすめします。

相続税申告　第6章

遺産分割の方法

遺産の分け方について、代表的な方法は下記の4つです。留意点と併せて、協議に先立ち確認しましょう。

その他留意点 P130

（1）現物分割

不動産は妻、預金は長男、株式は次男、というように遺産を現物のまま分割する方法

（2）代償分割

例えば、妻が不動産を相続する代償として、他の相続人に代償金を支払うというような方法

（3）換価分割

不動産などの遺産を売却してその代金を分割する方法

（4）共有分割

相続財産を遺産分割協議や法定相続分に応じて共有するという方法

配偶者居住権 P128　法定相続分 P98

確認しておきましょう ▶ 配偶者居住権のこと

新設された「配偶者居住権」のことをチェックしましょう。

　遺産分割において自宅以外にめぼしい財産がない場合、配偶者が自宅を手放さないといけない状況になることがありました。

　高齢者が増えていく社会において、残された配偶者が、生活の拠点である自宅を居住場所として確保できるようにするという趣旨などから、令和2年4月1日から**配偶者居住権**が新設されました。

配偶者居住権のイメージ

【前提条件】相続人が妻と子1人。遺産は、自宅（2000万円）と預貯金（2000万円）。相続分は妻1/2（2000万円）：子1/2（2000万円）。

【配偶者居住権が利用できるようになる前】

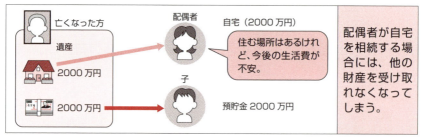

【配偶者居住権の制度を利用】

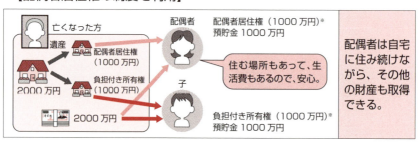

※所定の評価方法を用いて算出します。

配偶者居住権が認められるには？

配偶者居住権とは、簡単に言うと、配偶者以外の者が自宅を相続（取得）したとしても、配偶者が終身（または一定期間）その自宅に無償で住むことなどができる権利です。

成立するためには、①配偶者が、相続開始時に亡くなった方が所有する建物に居住していたこと、②亡くなった方がその建物を配偶者以外の方と共有していないこと、③一定の方法で取得すること（遺産分割や遺贈、死因贈与契約など）などの要件を満たさなければなりません。

また、配偶者短期居住権という、遺産分割が終了するまでといった短い期間、配偶者が無償で自宅に居住できる権利も新設されました。

配偶者居住権はどのような権利？

配偶者居住権は、配偶者のみに認められる権利のため、第三者に譲渡することはできず、配偶者の死亡や設定した存続期間の満了、建物の滅失などで権利が自動的に消滅します。

このことにより、次の（配偶者居住権を取得した配偶者の）相続の際、その分が相続財産から外れることになり、結果として相続税の負担が軽くなるということも考えられます。

まだ始まったばかりの制度で、利用の可否や相続税申告の際の計算方法、登記など留意点も多いこともあり、配偶者居住権を取得する際は、税理士や司法書士などの専門家に相談することをおすすめします。

ポイントメモ　夫婦間の贈与等に関する法改正

配偶者居住権と同様に、残される配偶者を保護するという観点から、夫婦間の贈与等に関する法改正も行われました。婚姻期間20年以上の夫婦間で居住用の不動産が遺贈または贈与された場合に、原則としてそれらを遺産分割の際に持ち戻して計算する必要がなくなりました。

129

12 遺産分割協議書を作成しましょう

●遺産分割協議をする場合●

協議を行う際の留意点と遺産分割協議書の作成方法を確認しましょう。

できるだけ
すみやかに

遺産分割協議を行う前に、協議にあたって考慮すべき留意点を確認しましょう。併せて、遺産分割協議書の書き方も確認しましょう。

寄与分

亡くなった方の財産の維持または増加に寄与した者については、相続分算定の際に考慮しましょうというのが**寄与分**という制度です。通常の扶養義務を超えて亡くなった方の財産の維持または増加に貢献があり、かつ、維持または増加との間に因果関係があることが求められます。

特別受益

夫婦間の自宅贈与等の優遇 P18

相続人の中で亡くなった方から生前に生活の援助などのために贈与を受けた者がいる場合は、その分（**特別受益**）については相続分算定の際に計算上考慮（**持戻し**）しましょうという定めがあります。寄与分の制度も特別受益の制度も、相続人間の衡平をはかるための制度です。

遺産分割協議書の作成

成立した遺産分割協議によって具体的な相続手続を行う場合には、遺産分割協議書の作成が必要になります。遺産分割協議書には協議の内容を記載し、相続人全員が実印で押印し、印鑑証明書を添付します。

誰が、（相続財産のうち）何を、どのように（取得）するか、という点について、明確に特定することがポイントです。

また、遺産分割協議書が2枚以上になる場合は、つながりを証するために用紙と用紙の間の**契印**を忘れないようにしましょう。

印鑑証明書 P115

■ 遺産分割協議書の書き方

遺産分割協議書 　1字削除
　　　　　　　　　　　　　　　　　　1字加入

令和2年7月23日、東京都豊島区目白六丁目31番17号　冬平勇（最後の本籍東京都豊島区目白六丁目31番）の死亡によって開始した相続の共同相続人である冬平清子、冬平浩一及び佐藤裕子は、本日、その相続財産について、次のとおり遺産分割の協議を行った。

1. 次の遺産は、冬平清子がすべて単独で取得する。
　（1）所　　在　　豊島区目白六丁目
　　　　地　　番　　31番17
　　　　地　　目　　宅地
　　　　地　　積　　123.45㎡
　（2）所　　在　　豊島区目白六丁目　31番地17
　　　　家屋番号　　31番17
　　　　種　　類　　居宅
　　　　構　　造　　木造瓦葺2階建
　　　　地　　積　　1階　48.26㎡　　2階　48.26

> 被相続人を住所、氏名、死亡日、最後の本籍などで特定。

> 誰が何を取得するか明確に特定。不動産は登記事項証明書 P117 のとおりに、預貯金は口座番号などを記載する。

2. 次の遺産は、冬平浩一がすべて単独で取得する。
　　　　春夏銀行目白支店　普通預金　口座番号9876543　金100万円
　　　　豊島信用金庫本店　定期預金　口座番号1357924　金200万円

本遺産分割協議の成立を証するため、本協議書を~~2~~3通作成し、署名捺印のうえ各自1通を保有する。

令和2年9月9日

　　　　　　住所　　東京都豊島区目白六丁目31番17号
　　　　　　　氏名　　冬平　清子　㊞
　　　　　　住所　　東京都練馬区旭丘三丁目7番20号
　　　　　　　氏名　　冬平　浩一　㊞
　　　　　　住所　　さいたま市大宮区浅間町四丁目2番32号
　　　　　　　氏名　　佐藤　裕子　㊞

> 相続人全員で実印を押印。印鑑証明書を添付。

 **誤字・脱字の訂正方法**

遺産分割協議書などの文言に訂正箇所が見つかった場合は、改めて作成し直すか、印鑑を使って正しい方法で訂正します。

訂正箇所に二重線を引き、二重線を引いた箇所に直接訂正印を押し、そのすぐ上か下に正しい記載をする方法と、欄外に訂正印を押し、「○字削除　○字加入」などと記載する方法があります。

●遺産分割がまとまらない場合●

13 遺産分割協議がまとまらないとき

遺産分割協議が成立しない場合はどのように相続の手続を進めればよいのでしょうか。

できるだけ
すみやかに

遺産分割協議は相続人全員で行う必要があり、1人でも合意しない者がいる場合は協議が成立しません。そのような場合には管轄の家庭裁判所に**遺産分割調停**を申し立てることができます。

調停手続では、裁判官と調停委員が各当事者から事情を聴取し、必要な資料を提示させ、遺産について鑑定を行うなどして、各当事者の希望を踏まえて解決のために合意を目指す話し合いを行います。

■ 遺産分割調停の方法　　　　　　　　　　　　（令和2年8月現在）

提出先	相手方のうちの1人の住所地の家庭裁判所など
提出できる人	相続人、包括受遺者など
必要なもの	申立書（裁判所の窓口か、裁判所のウェブサイトからダウンロードして入手します）、相続関係を証する戸籍（除籍・改製原戸籍）謄本一式　参照 P106、相続人全員の住民票または戸籍の附票、遺産に関する証明書　など
手数料	収入印紙1,200円、連絡用の郵便切手

調停が成立しない場合

話し合いがまとまらず調停が成立しない場合は、自動的に審判手続に移行します。審判手続では、裁判官が遺産に属する物または権利の種類及び性質その他一切の事情を考慮して、審判をすることになります。

 調停の長期化

遺産分割調停は一般的に1か月に1回くらいのペースで期日が開かれます。調停がまとまらなければ次回に…ということになり、短くても半年前後、一般的には1年前後、解決までには時間がかかるといわれています。相続税申告が必要な場合は注意しましょう。　相続税申告の期限 P190

■ 遺産分割調停申立書の書き方

第4章 遺産相続手続の基本

> *この申立書の写しは，法律の定めるところにより，申立ての内容を知らせるため，相手方に送付されます。*

［吹き出し］ 調停にチェックを入れます。最初から審判を申し立てることもできますが，調停から始めるのが一般的です。

受付印

☑ 調停　　　□ 審判　　　**申立書**

（この欄に申立て1件あたり収入印紙1,200円分を貼ってください。）

400	400	400

（貼った印紙に押印しないでください。）

収 入 印 紙	円
予納郵便切手	円

東京 家庭裁判所 御中	申 立 人（又は法定代理人など）の 記名押印	冬平 浩一 ㊞
令和 2 年 8 月 31 日		

準 口 頭

添付書類	（審理のために必要な場合は，追加書類の提出をお願いすることがあります。）
	☑ 戸籍（除籍・改製原戸籍）謄本（全部事項証明書）合計 4 通
	☑ 住民票又は戸籍附票　合計 3 通　　□ 不動産登記事項証明書　合計　　通
	☑ 固定資産評価証明書　合計 2 通　　☑ 預貯金通帳写し又は残高証明書　合計　通
	□ 有価証券写し　合計　　通

［吹き出し］ 被相続人を氏名、死亡日、最後の本籍、住所で特定します。

当 事 者	別紙当事者目録記載のとおり		
被相続人	最後の住所	東京 ㊞都 道府県 豊島区目白六丁目31番17号	
	フリガナ氏　名	フユヒラ　イサム冬平 勇	平成令和 2 年 7 月 23 日死亡

申　立　て　の　趣　旨

☑ 被相続人の遺産の全部の分割の（☑調停 ／ □審判）を求める。

□ 被相続人の遺産のうち，別紙遺産目録記載の次の遺産の分割の（□調停 ／ □

【土地】　　　　　　　　　　【建物】

【現金，預・貯金，株式等】

［吹き出し］ 「申立ての趣旨」には遺産分割調停を求める旨を記載します。

申　立　て　の　理　由

遺産の種類及び内容	別紙遺産目録記載のとおり		
特　別　受　益 ※2	☑ 有 ／	□ 無 ／	□ 不明
事前の遺産の一部分割 ※3	□ 有 ／	☑ 無 ／	
事前の預貯金債権の行使 ※4	□ 有 ／	☑ 無 ／	
申 立 て の 動 機	☑ 分割の方法が決まらない。		
	□ 相続人の資格に争いがある。		
	□ 遺産の範囲に争いがある。		
	□ その他（ ）		

［吹き出し］ 「申立ての理由」には遺産の概要や現状を記入します。

（注）太枠の中だけ記入してください。□の部分は該当するものにチェックしてください。
※1　一部の分割を求める場合は，分割の対象とする各遺産目録記載の遺産の番号を記入してください。
※2　被相続人から生前に贈与を受けている等特別の利益を受けている者の有無を選択してください。「有」を選択した場合には，遺産目録のほかに，特別受益目録を作成の上，別紙として添付してください。
※3　この申立てまでにこの被相続人の遺産の一部の分割の有無を選択してください。「有」を選択した場合には，遺産目録のほかに，分割済遺産目録を作成の上，別紙として添付してください。
※4　相続開始時からこの申立てまでに各共同相続人が民法909条の2に基づいて単独でした預貯金債権の行使の有無を選択してください。「有」を選択した場合には，遺産目録【現金，預・貯金，株式等】に記載されている当該預貯金債権の欄の備考欄に権利行使の内容を記入してください。

遺産（1/　）

133

「当事者目録」には申立人と相手方を記載。

この申立書の写しは、法律の定めるところにより、申立ての内容を知らせるため、相手方に送付されます。

当 事 者 目 録

☑ □	住 所	〒 176 - 0005 東京都練馬区旭丘三丁目7番20号 （ 方）	
申立人 相手方	フリガナ 氏 名	フユヒラ コウイチ 冬平 浩一	大正 昭和 平成 令和 40年 2月 5日生 （ 55 歳）
	被相続人との続柄	長 男	
□ ☑	住 所	〒 171 - 0031 東京都豊島区目白六丁目31番17号 （ 方）	
申立人 相手方	フリガナ 氏 名	フユヒラ キヨコ 冬平 清子	大正 昭和 平成 令和 14年 1月 7日生 （ 81 歳）
	被相続人との続柄	妻	
□ ☑	住 所	〒 330 - 0842 さいたま市大宮区浅間町四丁目2番32号 （ 方）	
申立人 相手方	フリガナ 氏 名	サトウ ユウコ 佐藤 裕子	大正 昭和 平成 令和 42年 8月16日生 （ 52 歳）
	被相続人との続柄	長 女	
□ □	住 所	〒 -	
申立人 相手方			

遺産目録には遺産の明細を記載。特別受益がある場合は、特別受益目録も作成。その場合は、備考欄に生前に贈与を受けた相続人の氏名を記載。

特別受益 P130

この申立書の写しは、法律の定めるところにより、申立ての内容を知らせるため、相手方に送付されます。

遺 産 目 録 （□特別受益目録、□分割済遺産目録）

【土 地】

番号	所　　在	地 番	地目	地 積 平方メートル	備考
1	豊島区目白六丁目	31	17	宅地	123　45	

この申立書の写しは、法律の定めるところにより、申立ての内容を知らせるため、相手方に送付されます。

遺 産 目 録 （□特別受益目録、□分割済遺産目録）

【現金、預・貯金、株式等】

番号	品　　目	単 位	数 量（金 額）	備考
1	春夏銀行 目白支店 普通預金 口座番号 9876543		金1,000,000円	

134

14 未成年や認知症の相続人がいるとき

●該当する方に必要な手続●

未成年者や認知症になった者も相続人としての権利を有します。どうしたらよいでしょうか。

できるだけ **すみやかに**

未成年者の場合

相続人の中に未成年者がいる場合は、**親権者**や**未成年後見人**が代理人となって遺産分割に参加します。しかし、例えば親権者も相続人となっているような場合は、親権者自身の立場と未成年者の代理人としての立場とで利益が相反してしまいます。

このような場合は、未成年者のために**特別代理人**を選任し、選任された特別代理人が未成年者に代わって遺産分割に参加します。

判断能力を欠く者の場合

成年後見制度 P136

相続人の中に認知症になって判断能力を欠く者がいる場合は、その者について**成年後見人**を選任する必要があります。選任された成年後見人は本人の財産管理や身上監護を行います。遺産分割の場面においては、判断能力を欠く者の代わりに、その者のために遺産分割に参加します。

なお、成年後見人も相続人である場合は、未成年者の場合と同様、利益相反の問題が生じます。後見監督人が選任されている場合は、後見監督人が遺産分割に参加します。後見監督人が選任されていない場合は、判断能力を欠く者のために**特別代理人**を選任する必要があります。

行方不明者の場合

相続人の中に行方不明の者がいる場合は、その者について**不在者財産管理人**を選任する必要があります。

選任された不在者財産管理人が、家庭裁判所の許可を得て、行方不明となっている不在者の代わりに遺産分割に参加します。

| コラム | 成年後見制度とは？ |

　精神上の障害によって判断能力を欠く者のために、本人に代わって、遺産分割協議に参加したり、不動産や預貯金を管理したり（**財産管理**）、身の回りの世話のために介護サービスや施設への入所契約を締結したり（**身上監護**）する者を**成年後見人**といいます。成年後見人は、配偶者や4等親内の親族などの申立により家庭裁判所から選任されます。**家庭裁判所の監督のもと**で、上記の業務を行いますので、家庭裁判所に定期的に業務報告を行う必要もあります。

　申立の際に、配偶者や子などの親族を成年後見人の候補者として立てることができますが、事情によっては弁護士や司法書士などの専門職後見人や後見監督人（成年後見人を監督する人）が家庭裁判所から選ばれることもあります。

　ちなみに、遺産分割協議や預貯金の引き出し、施設への入所契約の締結など、当初の目的であった業務が完了したからといって成年後見人の業務が終了するわけではありません。また、正当な事由がない限り辞任することもできません。

　基本的には、判断能力を欠く者が死亡するまで成年後見人としての業務を続ける必要がある点には注意が必要です。

　なお、法定後見制度は、支援が必要な方の判断能力の度合いに応じて、後見（成年後見人）以外に、保佐（保佐人）、補助（補助人）の3つの類型に分かれています。成年後見人等は、本人の意思を尊重し、本人の利益を常に考えながら、本人に代わって契約などの法律行為をしたり、本人の法律行為に同意したり、本人の法律行為を取り消したりすることにより、本人を保護・支援します。

第5章

相続・名義変更の手続を行いましょう

相続・名義変更の手続

遺産が確定し、誰が相続するのかも確定したら、実際に遺産を相続する手続を行います。

名義を変更したり、解約したり、相続する財産に応じて、その具体的な手続は多岐にわたります。ここでは、代表的な遺産の相続・名義変更手続を確認していきます。該当するものについて確認しながら実際に手続を行いましょう。

● 全員に必要なガイダンス ●

相続の手続の流れを確認しましょう

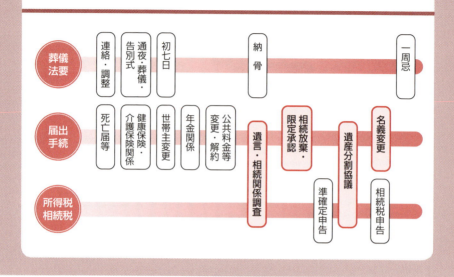

相続の基本的な手続の流れとは？

相続に伴って名義変更、払い戻し、解約など何らかの手続を要する財産については、当てはまるものについて順番に対応していきます。

それぞれ大まかな流れを理解しておくとスムーズに進められます。

チェック	財産の種類	手続先	リンク
	預貯金・貸金庫など	銀行など金融機関	P140
	株式・債権など	証券会社など	P146
	生命保険など	保険会社	P148
	自動車・バイク	陸運局	P150
	不動産（土地・建物）	法務局	P152
	ゴルフ・リゾート会員権	管理会社	P160

相続の基本的な手続のポイント

(1) 手続が必要な財産の調査と方針の決定　P116　P120

　まずは相続財産をひととおり探しましょう。その上で、必要に応じて、預貯金については残高証明書、不動産については登記事項証明書など関連書類を取得し、各財産の詳細を調査して明らかにしましょう。その上で、大まかな相続の方針を決めましょう。

(2) 必要な書類の収集・手配

　戸籍謄本や印鑑証明書など、手続に必要な書類は共通のものが多いです。各手続に必要な書類を確認し、必要な通数分だけ取得しましょう。中にはコピーの提出で足りる手続や原本を返してもらえる手続もあります。事前にそこまで確認しておけば無駄な書類を取得せずに済みます。署名捺印が必要な書類も併せてそろえましょう。　P106〜115　法定相続情報証明制度 P110

(3) 各種手続

　見つかったものについて順番に手続を進めます。期限があるものや（何らかの支払を要する、売却して換価するなど）必要に迫られているもの、時間がかかりそうなものなど、優先順位を決めて、順番に手続を行っていきましょう。　P140〜161

第5章　相続・名義変更の手続

● 該当する方に必要な手続 ●

銀行など金融機関での相続手続をしましょう

相続手続の中でもっとも代表的なものの一つである金融機関での手続を確認しましょう。

できるだけ
すみやかに

ほとんどの方が銀行や信用金庫などの口座を持っています。金融機関との間で何らかの取引を行っている人に相続が発生したときは、その金融機関所定の相続手続を行う必要があります。

金融機関での相続手続の一般的な流れ

（1）金融機関への連絡

公共料金 P50　預貯金の払戻し制度 P46

まずは相続発生の事実を電話などで各金融機関に伝えましょう。

これにより口座が凍結され、入出金等ができなくなります。口座振替で支払をしているものについては、順次、相続人名義の口座からの支払に変更するなど、別の方法での支払に切り替える必要があります。

なお、相続に関しての手続や必要な書類に関しても、この最初の連絡の際にある程度確認するとよいでしょう。

確認しておきたいことリスト P144

（2）残高証明の開示・照会請求

亡くなった方が金融機関のカードや通帳、金融機関からの郵便物などを残していた場合は、その金融機関の窓口で確認し、必要に応じて残高証明の請求をしてみましょう。具体的な相続財産の金額が判明し、手元にある資料からはわからなかった財産が見つかることもあります。

金融機関によっては、出資金や投資信託、保険商品、貸金庫など、預貯金以外の商品についての契約が存在することもあり、それらについても個別に手続が必要になるので、少しでも気になるものがあれば一緒に確認しておくとよいでしょう。

なお、残高証明の開示請求は、相続人全員で行う必要はなく、相続人の1人から行うことができると判例で認められています。

■ 残高証明依頼書の書き方

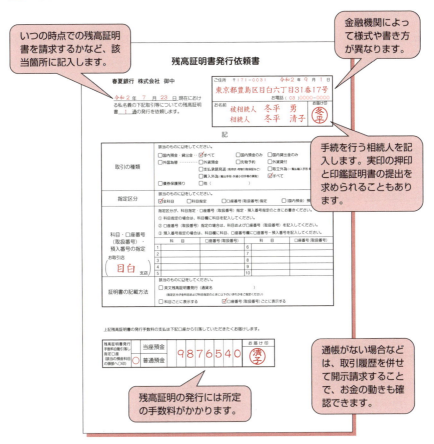

■ 残高証明・取引履歴の開示・照会請求の一般的な方法

提出先	各金融機関
提出できる人	相続人など
必要なもの	請求書(金融機関の窓口で入手します)、被相続人の死亡および請求者が相続人であることが確認できる戸籍謄本等　など
手数料	金融機関所定の手数料
留意点	相続人１名から請求可能

141

(3) 所定の届出用紙の受取

相続手続の際は、各金融機関で所定の届出用紙の提出を求められることが多いです。まずは窓口、あるいは郵送で所定の用紙など必要な書類を受け取っておくとその後の手続がスムーズに進められます。(1)の段階で請求、あるいは受取方法の確認をするとよいでしょう。残高証明の請求をする場合はその際に併せて確認してもよいでしょう。

また、一連の手続について郵送でのやり取りを認めてくれる金融機関もありますので、この点も確認しておくと安心です。

(4) 必要な書類の収集

金融機関に求められた相続関係を証明する書類の収集を行いましょう。必要な書類に関しては、金融機関から所定の用紙とともに案内があることが一般的です。併せて金融機関所定の用紙（相続届など）への署名捺印作業も行いましょう。　戸籍 P106　法定相続情報証明制度 P110

 **取り寄せはまとめて行っておきましょう**

複数の金融機関と取引をしている形跡がある場合は、最初にすべての金融機関に連絡し、所定の用紙を受け取っておきましょう。相続人全員の署名捺印が必要なものをすべてそろえておけば、まとめて手配・処理ができ、二度手間、三度手間を防ぐことができます。

（5）相続届など必要書類の提出

　金融機関に所定の用紙や集めた書類一式を提出しましょう。書類に不備がなければ、金融機関側の処理を待って払い戻しを受けることができます（金融機関によっては、提出後、数週間かかることもあります）。

　書類の提出は、口座のある支店に行うことが多いですが、どの支店でも手続可能としていたり、最近は相続専門の部署を設置している金融機関も増えており、その部署への提出を求められる場合もあります。（1）の段階で確認しておくとよいでしょう。

■ 一般的な提出書類一覧　　戸籍の収集 P106　　印鑑証明書 P115

【共通して必要なもの】
手続を行う者の身分証明書、通帳、カード、貸金庫の鍵など

【遺言がない場合に必要なもの】	【遺言がある場合に必要なもの】
相続届 相続関係を証する戸籍謄本等　※ 相続人全員の印鑑証明書 協議が成立している場合は遺産分割協議書　など	相続届 遺言書（必要に応じて検認済み証明書） 相続関係を証する戸籍謄本等　※ 払い戻しを受ける者の印鑑証明書　など

※認証文のついた法定相続情報一覧図の写しで代用できる場合もあります。

時間がかかる相続手続

　最近では、各金融機関が相続手続の専門部署を設置するなど、スムーズに相続手続が進められるようになりつつありますが、窓口レベルでは、支店ごと、担当者ごとに知識の差があり、待たされる時間も長くなることが多いです。相続手続の際は、ある程度時間に余裕を持って窓口に行くようにしましょう。相続手続に関する窓口での相談を予約制にしている金融機関もありますので、念のため電話で確認しておきましょう。

　また、あらかじめ電話などで必要書類等を確認しておくというのも一つの方法です。

確認しておきたいこと P144

第5章　相続・名義変更の手続

■ 金融機関の相続届の書き方

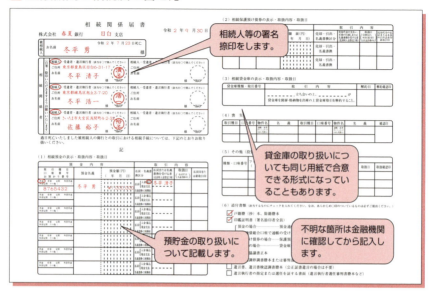

 相続届について

　金融機関の相続届は、金融機関ごとに所定の用紙がありますが、基本的な体裁や趣旨はほとんど同じで、遺言がない場合は、原則として相続人全員の署名捺印を要する形式になっています。

　各預貯金の取扱方法などにつき、法律上財産を引き継ぐ権利のある者がどのように合意したかが金融機関側で明確に確認できる形です。

　遺産分割協議書や遺言があれば、別途、所定の相続届を提出する必要はないなどとする金融機関もあります。内容にもよりますので、詳しくは各金融機関に事前に直接確認しておくとよいでしょう。

【確認しておきたいことリスト】
☐ 必要書類（所定用紙の受取）　☐ 郵送や最寄りの支店で手続可能か
☐ 戸籍など書類の原本を返却してもらえるか、有効期限
☐ 認証文のついた法定相続情報一覧図の写しを利用できるか

144

コラム ● 相続人の代わりに代理人が手続を行う場合

相続人が高齢で身体が不自由であるなどの理由から、相続人以外の者が相続人に代わって預貯金等の相続に関する手続を行いたい場合は、**委任状**など所定の書類を各金融機関に提出する必要があります。必要書類や委任状に記載が求められる事項は金融機関によって異なります。代理人が手続を行う場合は、各金融機関に確認しましょう。

なお、たとえ親族であっても、委任を受けていないにもかかわらず勝手に委任状を作ってしまうのは犯罪です。注意しましょう。

■ 委任状の書き方

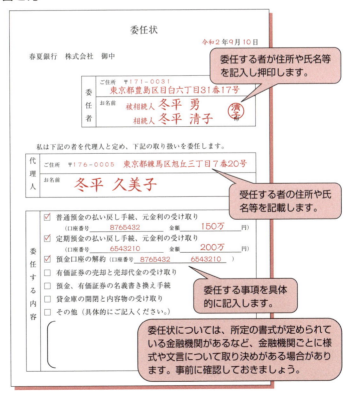

●該当する方に必要な手続●

 株式など有価証券の相続手続をしたいとき

株式など有価証券を持っていた場合の手続を確認しましょう。

できるだけ
すみやかに

　最近では、投資に対する意識・関心の高まりから、株式などの有価証券を保有されている方も増えています。基本的には銀行などにおける手続の流れと同様ですが、証券会社を通して管理をしている場合特有の手続を中心に確認しておきましょう。

（1）証券会社への連絡・取引内容の確認・資料の請求

　まずは証券会社に電話などで連絡をしてみましょう。取引をしていたかどうかは、証券会社からの郵便物、通帳の履歴などから推測できます。

　最初の連絡の際に、相続に関しての資料の請求と必要な手続の確認をするようにしましょう。

探し方　P116

（2）相続人名義の口座の準備・開設

　故人が保有していた株式を売却したい場合でも、基本的にはいったん、相続人名義の管理口座を準備（ない場合は開設）する必要があります。

（3）名義変更

　必要な書類を提出し、名義変更手続を完了させましょう。売却する場合は、名義変更手続完了後に改めて売却の手続を行うことになります。

 書類の事前確認と手配をしておきましょう

　証券会社においても、他の金融機関における手続と同様に、それぞれの事情に応じて、遺産分割協議書や所定の相続届への相続人全員の署名、捺印や印鑑証明書、戸籍謄本等の提出が求められます。証券会社に必要書類や署名、捺印を要する書類をあらかじめ確認し、他の金融機関において求められた書類と併せて手配するとスムーズです。

確認事項　P144

証券会社を通していない場合

株券が見つかるなど、証券会社を通していない会社の株式などの有価証券を保有していると思われる場合は、会社名を確認し、その有価証券を発行している会社に手続の方法について直接確認をしてみましょう。

自社株を保有していた場合

故人が自ら会社を経営していた場合など、自社株を保有していた場合は、会社関係者に連絡をしましょう。どのような規模の会社であっても、株式について所定の手続が必要です。

事業承継や清算には法律面、税務面など専門的な知識が求められますので、なるべく早期に会社の顧問税理士などに相談するとよいでしょう。

事業を引き継ぐとき P67

ポイントメモ 金融機関と遺産整理業務

最近は、銀行や信託銀行など金融機関が遺言信託や遺産整理業務に力を入れるようになりました。金融機関が取りまとめ役として遺産整理業務を遂行してくれるので安心感を得ることができます。

しかし、金融機関に支払う報酬が、基本的に遺産総額の○％（最低○○万円）というように決められていること、また、不動産の名義変更手続について司法書士にかかる費用や、相続税申告について税理士にかかる費用については、遺産総額の○％という金融機関への報酬とは別に支払わなければならない点に注意が必要です。メリット・デメリットをよく確認して、依頼するかどうか判断するようにしましょう。

専門家の使い方 P162

● 該当する方に必要な手続 ●

03 生命保険の保険金を受け取りたいとき

生命保険など保険の受取人が単独で行える手続です。とても大切な手続の一つです。

できるだけ
すみやかに

　生命保険など、死亡に伴い保険金の受け取りが発生するものがあります。一般的な相続手続と異なり、保険金の受取人が指定されている場合は、原則としてその受取人が（他の相続人等の関与なしに）単独で手続を行うことができます。なお、故人以外の受取人が指定されている保険金は相続財産とはなりませんが、税務上の取り扱いには注意が必要です。

相続税　第6章

（1）保険会社への連絡
　被保険者が死亡した旨を保険会社に連絡しましょう。契約をしていたかどうかは、保険会社からの郵便物、通帳の履歴などから推測できます。

（2）契約内容の開示・照会請求
　保険の契約内容について確認が必要です。具体的に受取人が指定されていない場合などは、他の金融機関における手続と同じように相続人全員の手続への関与が求められることもあります。連絡の際に確認しましょう。

（3）保険金の受取
　必要な書類を提出し、保険金の受取手続を完了させましょう。

受取人が先に死亡している場合

　生命保険に関する保険金の受取人は、通常、契約の中で指定されています。もし、受取人と指定されていた者が先に死亡し、再指定しないまま契約者が亡くなってしまった場合は、約款や遺言の記載にもよりますが、原則として受取人の相続人が保険金を受け取ることになります。

■ 死亡保険金請求書の書き方

死亡保険金請求書

◯◯◯生命保険株式会社　御中

（1）請求日（記入日）　**令和2年　8月　8日**

被保険者名を記載します。

（2）ご請求の保険契約等

	証券番号	被保険者名	請求種目
定期死亡保険	**01-234567890**	**冬平　勇**	☑死亡 □高度障害 □保険料払込免除
終身医療保険	証券番号	被保険者名	□入院 □手術 □保険料払込免除
終身医療保険	証券番号	被保険者名	□入院 □手術 □がん □先進医療 □保険料払込免除
定期療養保険	証券番号	被保険者名	□入院 □外来 □がん □先進医療 □保険料払込免除

（3）請求人（受取人）の氏名・住所等　※受取人が未成年の場合は親権者または後見人の方からご請求ください

請求人（受取人）	氏　名 （自署）	フリガナ　**フユヒラ　キヨコ** **冬平　清子**	㊞
	住　所	フリガナ　**トウキョウト　トシマク　メジロ** 〒 **171-0031** **東京都豊島区目白六丁目31番17号** 電話番号 **03-◯◯◯◯-◯◯◯◯**	
	日中の連絡先	**03-◯◯◯◯-◯◯◯◯**	

保険金の受取方法や振込口座を記載します。

（4）振込先指定（①をご選択いただくか、②に指定口座をご記入ください）
※請求人さま名義の口座をご指定ください

	保険料振替口座	保険料の払込方法を「口座振替」に設定いただいている契約で、請求人（受取人）が被保険者様の場合にご選択いただけます ◯　保険金等の送金手続き時点で、保険料振替口座として登録されている口座を指定します ◯印をしてください

②	ゆうちょ銀行以外の金融機関	金融機関コード **9999**	**春夏**	銀行　労働金庫 信用金庫　農協 信用組合	支店コード **999**	**目白**	本店 支店 出張所
		口座種目 1.普通 2.当座　3.貯蓄	口座番号 **9876540**		口座名義人（カタカナでご記入ください） **フユヒラ　キヨコ**		
	ゆうちょ銀行	記号 **1**	0	通帳番号 **1**		口座名義人（カタカナでご記入ください）	

様式や書き方は保険会社によって異なります。
不明な点は各保険会社に確認しましょう。

第5章　相続・名義変更の手続

149

● 該当する方に必要な手続 ●

04 自動車の相続手続をしたいとき

自動車についても名義変更の手続が必要です。
確認しましょう。

できるだけ
すみやかに

自動車についても相続の手続が必要です。売却したり廃車にする場合でも、基本的にはいったん亡くなった方から相続人が自動車を引き継ぐことになります。相続人への名義変更は、ナンバープレートを交付している管轄の陸運局（運輸支局か自動車検査登録事務所）に移転登録申請書を提出する方法により行います。

（1）自動車の相続方法の決定（遺産分割協議）

遺産分割 P126

自動車をどうするか相続人全員で決めましょう。相続人の1人の名義にするなど特定の者が引き継ぐ場合には遺産分割協議書を作成します。なお、相続人複数の共同名義にすることも可能です。

（2）登録申請

管轄の陸運局に移転登録申請書を提出します。申請書の他に、手数料納付書、自動車税申告書、遺産分割協議書（印鑑証明書つき）、戸籍謄本等、自動車検査証（車検証）、自動車保管場所証明書（車庫証明書）などを併せて提出する必要があります。申請書や手数料納付書、自動車税申告書は、通常、陸運局の窓口でもらえます。

■ 自動車の相続による移転登録申請の方法　　　（令和2年8月現在）

提出先	管轄の陸運局
提出できる人	相続人など
必要なもの	申請書（陸運局の窓口か、国土交通省のウェブサイトからダウンロードして入手します）、被相続人の死亡の事実および相続人全員が確認できる戸籍謄本等、車検証　など
手数料	500円（ナンバーの変更がない場合）

150

■ 移転登録申請書の書き方

[申請書の記入例画像]

- ナンバー等を記入。不明な箇所は陸運局の窓口で確認しながら記入します。
- 新しい所有者の氏名を記入します。住所は住所コードで記入します。
- 上部の枠内はすべて鉛筆で記入します。下部の住所、氏名等はボールペンで記入し、押印します。

※住所コードは、住所ごとに決められた数字のコードです。陸運局に一覧表があります。確認しながら記入しましょう。
※自動車の登録手続を専門家に任せたい場合は、行政書士に依頼しましょう。

> 専門家の使い方 P162

自転車、原付、小型二輪の相続手続

　自転車や原付、小型二輪なども相続の対象になります。金銭的に価値のあるものについては、遺産分割協議を行い、協議書に記載しましょう。
　自転車については相続人が改めて防犯登録を行います。原付については、通常、市区町村役場にてまず廃車手続を行います。廃車手続が完了したら、相続人の名義での登録手続を行います。小型二輪についても、通常、管轄する陸運局で同様にまず廃車手続を行います。

● 該当する方に必要な手続 ●

05 不動産の相続手続をしたいとき

不動産については法務局に名義を変更する登記を
申請します。その方法を確認しましょう。

できるだけ
すみやかに

　不動産を所有していた方が死亡したときは相続の手続が必要です。換
価するなどの理由で売却する場合でも、いったん亡くなった方の名義か
ら相続人の名義に変更する必要があります。名義変更を行うには、不動
産を管轄する**法務局**に、必要書類とともに**登記申請書**を提出します。

（1）不動産の相続方法の決定（遺産分割協議　P126 ）

　不動産を誰が引き継ぐか相続人全員で決めましょう。相続人の１人の
名義にするなど特定の者が引き継ぐ場合には、遺産分割協議書を作成し
ます。遺言があるときは、原則として遺言の内容に従います。

（2）登記申請

　管轄の法務局に所有権移転登記申請書を提出します。申請書の他に、
遺産分割協議書（印鑑証明書つき）、戸籍謄本等、住民票の写し（マイ
ナンバーの記載がないもの）、固定資産評価証明書などを併せて提出す
る必要があります。

参照　P157

（3）登記識別情報の発行

　登記が完了すると、登記申請を行い所有者となる相続人に対して登記
識別情報（昔の登記済権利証の代わりとなるもの）が発行されます。

■ 不動産の相続による所有権移転登記申請の方法　（令和２年８月現在）

提出先	不動産の所在地の管轄の法務局
提出 できる人	相続人など
必要なもの	申請書（法務局のウェブサイトから様式をダウンロードできます）、 戸籍謄本等、住民票の写し、遺言　など　　P153〜157
費用	課税価格の0.4％（登録免許税）

■ 登記申請書の作り方

登 記 申 請 書

> 念のために捨印を押しておくとよいでしょう。

登記の目的　　　所有権移転

原　　因　　　令和2年　7月23日　相続

> 亡くなった日付と相続である旨を記載。

相　続　人　　　（被相続人　冬平　勇）
　　　　　　　　東京都豊島区目白六丁目31番17号
　　　　　　　　　　　冬　平　清　子　㊞

> 不動産を相続する者の住所・氏名を記載し、押印。

　　　　　　　　連絡先の電話番号　03-○○○○-○○○○

> 法務局から連絡が必要な場合に備えて、電話番号を記載。

添付情報　　　登記原因証明情報　　　住所証明情報

令和2年　9月10日　東京法務局豊島出張所　御中

課税価格　　　金1,000万円

> 固定資産の価格（評価額）を記載。1,000円未満は切捨て。

登録免許税　　　金4万円

> 登録免許税（課税価格の0.4%）を記載。100円未満は切捨て。

不動産の表示
　　所　　在　　豊島区目白六丁目
　　地　　番　　31番17
　　地　　目　　宅地
　　地　　積　　123.45㎡

　　所　　在　　豊島区目白六丁目　31番地17
　　家屋番号　　31番17
　　種　　類　　居宅
　　構　　造　　木造瓦葺2階建
　　床面積　　　1階　48.26㎡　　2階　48.26㎡

> 不動産の表示は登記事項証明書のとおりに記載。　P117

遺産分割協議による場合の添付書類

（1）遺産分割協議書と印鑑証明書

　遺産分割協議により単独の名義にするなど法定相続分以外の割合で引き継ぐ場合には遺産分割協議書を作成し、添付する必要があります。

　遺産分割協議書には誰がどの不動産を相続するのか明確に特定できるように記載し、相続人全員で署名し、実印を押します。印鑑証明書も併せて添付する必要があります。　<u>遺産分割協議書　P130</u>

【遺産分割協議書の文言の書き方（抜粋）】

> 一、相続人である妻冬平清子は、下記の不動産を相続する。
> 　　不動産の表示
> 　　　所　　在　　　　豊島区目白六丁目
> 　　　地　　番　　　　３１番１７
> 　　　地　　目　　　　宅地
> 　　　地　　積　　　　１２３.４５㎡

（2）戸籍謄本など

　<u>戸籍謄本　P44・106</u>

　一般的に、下記の戸籍謄本等を添付する必要があります。

①被相続人（勇）の死亡の記載のある戸籍（除籍）謄本

②被相続人（勇）の出生までさかのぼる除籍・改製原戸籍謄本

③相続人全員（清子・浩一・裕子）の戸籍謄本（抄本）

④被相続人（勇）の住民票（除票）の写し　など

※原則、認証文のついた法定相続情報一覧図の写しで代用できます。　<u>参照　P110</u>

（3）不動産を取得する者の住民票の写し

　不動産の所有者は登記簿に住所と氏名が記載されます。そのため正確な住所と氏名を証する住民票の写しを添付します。

（4）固定資産評価証明書

　登録免許税の算出のため、登記申請年度の固定資産評価証明書（または固定資産税納税通知書）の添付も求められます。固定資産評価証明書は、市区町村役場（東京23区の場合は都税事務所）にて取得しましょう。

（5）相続関係説明図

　戸籍・除籍・改製原戸籍謄本（抄本）を添付して申請する場合、登記実務上、相続関係説明図を作成し、併せて提出することで、原本を還付してもらうことができます（この他の添付書類の原本は、原本と相違ない旨の奥書（記名押印）を付したコピーを添付することで還付してもらえます）。他の手続でもあると便利なので、相続関係を整理するという意味でも作成しておくとよいでしょう。

■ 相続関係説明図の作り方（遺産分割協議による場合）

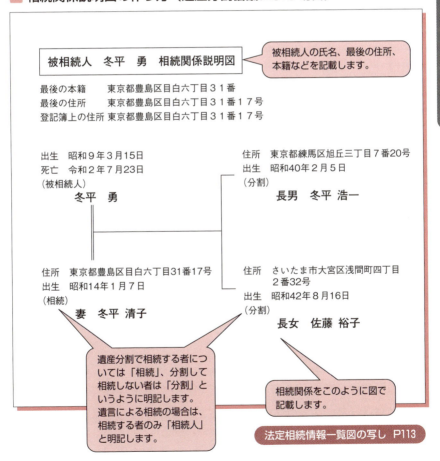

遺言による場合の添付書類

（1）遺言書

　遺言により相続人のうち１人の名義にするなど特定の者が引き継ぐ場合には、登記申請の際に遺言書を添付する必要があります。公正証書遺言以外の遺言の場合は、原則として、検認手続が済んだ遺言書を添付します。なお、新たに始まる自筆証書遺言の保管制度を利用していた場合は、遺言書情報証明書を添付することになると思われます。

> 遺言書の検認　P102　　遺言書の記載　P100

（2）戸籍謄本など

　一般的に、下記の戸籍謄本等を添付する必要があります。

①被相続人（勇）の死亡の記載のある戸籍（除籍）謄本

②不動産を取得する相続人の戸籍謄本

③被相続人（勇）の住民票（除票）の写し　など

> 戸籍　P106

（3）不動産を取得する者の住民票の写し

（4）固定資産評価証明書

（5）相続関係説明図

　（3）～（5）については遺産分割協議による場合と同様です。

> 遺産分割協議の場合　P154

遺贈による場合

　相続人の一部もしくは全員に対して「相続させる」旨の遺言が残されているときは、相続による所有権移転登記をすることができます。

　しかし、相続人以外の者に「相続させる」旨または「遺贈する」旨の遺言が残されている場合は、相続による所有権移転登記ではなく、**遺贈による所有権移転登記**を申請する必要があり、登録免許税が課税価格の２％となるなど、手続も大きく違いがあります。詳しくは法務局に確認するか、司法書士に相談しましょう。

156

相続に伴う登記手続の流れのまとめ

（1）必要書類の収集・準備、申請書の作成

戸籍謄本など必要な書類を集め、遺言書がある場合は遺言書、ない場合は遺産分割協議書などを準備します。それらの書類に基づき、登記申請書を作成しましょう。

登記申請書の作り方 P.153

■ 申請書の組み方の一例

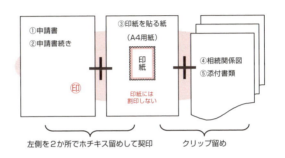

（2）登記申請

不動産を管轄する法務局に登記を申請します。**郵送**により申請することも可能ですが、**窓口**に持参すれば相談窓口で申請前に相談することもできます。登録免許税は収入印紙を申請書に貼付して納める方法が一般的です。登記完了までは申請から1〜2週間程度かかります。

万が一、申請内容に不備がある場合は、法務局から連絡が入ります。法務局の指示に従い、**補正または取下げ**の対応をしましょう。

（3）登記完了

登記が完了すると、原則として不動産ごと、申請人ごとに**登記識別情報通知**が発行されます。登記識別情報通知とは、登記名義人を識別するための情報が記載された書面です。昔の**登記済証（権利証）**と同じ意味合いの書類なので、大切に保管しましょう。また、登記が完了したら、法務局で**登記簿謄本（登記事項証明書）**を取得して、登記された内容に間違いがないか確認しておきましょう。

登記事項証明書 P.117

● 該当する方に必要な手続 ●

06 団体信用生命保険に加入していたとき

団信に加入した者が亡くなった場合は、住宅ローンが完済扱いとなります。

できるだけ
すみやかに

　不動産購入時に住宅ローンを組んだ場合は、同時に団体信用生命保険（団信）に加入していることが多いです。団信とは、加入したローン契約者が死亡した場合などには生命保険会社が代わりに残ったローンを支払い、ローンが完済となる仕組みです。

　ローンが完済されたら、名義変更登記と併せて不動産に登記されている金融機関などの抵当権を抹消する手続を行いましょう。

（1）金融機関への連絡・金融機関からの書類受領

　まずは金融機関に連絡しましょう。団信によりローンが完済されると、抵当権を設定していた金融機関から抵当権抹消登記に必要な書類が一式（解除証書、登記済証または登記識別情報通知、委任状、会社法人等番号が確認できるものなど）渡されるのが一般的な流れです。

（2）所有権移転登記

　団信によりローンが完済されたときは、抵当権抹消登記の前提として、所有者につき名義を変更する登記（所有権移転登記）を行う必要があります。相続による所有権移転登記と抵当権抹消登記は連件（1件目に相続による所有権移転登記、2件目に抵当権抹消登記）で併せて法務局に申請することもできます。

不動産の相続　P152

（3）抵当権抹消登記

　抵当権抹消登記は、所有権登記名義人（相続人）と、抵当権者（金融機関など）の共同申請で行います。

　抵当権抹消登記の添付情報は、原則として、登記原因証明情報（解除証書、弁済証書など）、登記済証または登記識別情報、代理権限証明情報（委任状など）、会社法人等番号です。

158

■ 登記申請書の作り方（抵当権抹消登記の場合）

> 抵当権が抹消された原因と日付を記載します。

> 登記事項証明書から受付番号を確認して記載します。
> P117

登 記 申 請 書

登記の目的　　　抵当権抹消
原　　　因　　　令和２年　８月１０日　解除
抹消する登記　　平成１０年　５月２２日受付第８４３９号
権　利　者　　　東京都豊島区目白六丁目３１番１７号
　　　　　　　　　　　　冬　平　　清　子
義　務　者　　　東京都豊島区目白六丁目６番６号
　　　　　　　　　　　　株式会社春夏銀行

> 抵当権者との共同申請となります。

　　　　　　　（会社法人等番号　01-23456-789012）
　　　　　　　　　　代表取締役　秋元　金雄
添　付　情　報　　登記原因証明情報　　代理権限証明情報
　　　　　　　　　登記済証（または登記識別情報）　会社法人等番号

> 添付情報は一般的にこのように記載します。

　　令和２年　９月１０日　東京法務局豊島出張所
　　申請人兼義務者代理人

> 金融機関から委任を受ける形で申請する場合はこのように記載します。

　　　　　　　　東京都豊島区目白六丁目３１番１７号
　　　　　　　　　　　　冬　平　　清　子　㊞
　　　　　　　　連絡先の電話番号　０３－○○○○－○○○○

> 登録免許税は不動産１個につき1,000円です。

登録免許税　　　金２，０００円

不動産の表示
　　所　　在　　　豊島区目白六丁目
　　地　　番　　　３１番１７
　　地　　目　　　宅地
　　地　　積　　　１２３．４５㎡

　　所　　在　　　豊島区目白六丁目　３１番地１７
　　家屋番号　　　３１番１７
　　種　　類　　　居宅

> 不動産の表示を正確に記載します。

　　構　　造　　　木造瓦葺２階建
　　床　面　積　　　１階　４８．２６㎡　　２階　４８．２６㎡

第5章　相続・名義変更の手続

● 該当する方に必要な手続 ●

07 ゴルフ会員権その他の相続手続をしたいとき

相続時に問題となる様々な権利や義務。
簡単に概要を把握しておきましょう。

すみやかに

　これまで確認してきたもの以外にも、相続の際に手続が必要な権利や義務はいくつもあります。その中でも代表的なものについて、ここで簡単に確認しておきましょう。

相続財産　P97　　公共料金　P50

ゴルフ場やリゾート会員権

　亡くなった方がゴルフ場やリゾートホテルの会員権を有していたときは、その会員権も相続の対象になります。必要となる手続はゴルフ場やリゾートホテルもしくはそれらの管理会社に連絡して確認しましょう。

　リゾートホテルによっては、不動産の所有権（共有の持分）を有していることがあります。その場合は、不動産についても名義変更の手続を求められることになるでしょう。

不動産の相続　P152

　いずれの手続においても、一般的には名義変更にかかる届出書、相続関係を証する戸籍謄本等、相続人全員の印鑑証明書などが求められます。

　また売却する場合にも、基本的にはいったん相続人名義への変更、あるいは同意書などによる相続人全員の関与が求められます。

戸籍　P106

系譜・祭具・墳墓・香典

　祭具や墳墓などの所有権は、慣習に従って、祖先の祭祀を主宰する者が承継することになります。亡くなられた方が主宰者を指定した場合は、その者が承継します。なお、香典は、法律上は相続財産ではなく、遺族の代表者に対する贈与と考えられています。

160

絵画・骨董品・宝石

絵画や骨董品、宝石なども相続の対象になります。財産的な価値がある動産類についても、遺産分割において誰が引き継ぐか決めましょう。

死亡退職金

死亡退職金は、就業規則等で、受取人が指定されている場合は、その受取人固有の財産と考えられ、相続財産とはなりません。

ただし、受取に際しては、基本的に他の相続手続と同様、届出書（請求書）や戸籍謄本等、印鑑証明書などの提出が求められます。

債務

これまでに確認してきた預貯金や不動産などのプラスの財産だけではなく、借金などのマイナスの財産も相続の対象になります。

1点注意しなければならないのは、マイナスの財産については、「長男が代表して債務を引き継ぐ」と相続人全員で合意しても、その効力を債権者に主張することができないという点です。原則として、それぞれの相続人が法定相続分に従って債務を承継するということになります。（ただし、相続人同士の取り決めとしては有効です。）

もし、このように一部の相続人が債務を引き継ぎ、他の相続人が責任を免れるようにするためには、**債権者の同意**を得て、免責的に債務を引き受ける契約（**免責的債務引受契約**）を行う必要があります。

ポイントメモ　相続手続が必要な財産の把握

相続手続が必要な財産については、早い段階でなるべく詳細に調査し、取るべき手続を誤らないよう注意しましょう。

消費者金融や信販会社から長期間借入れを行っていた場合、実は債務は既になく、過払金返還請求権があった…ということもあります。

| コラム | ● 専門家の使い方 ～どの専門家に依頼する？～ |

　相続の手続を進めていく中で、様々な事情から、どうしても相続人だけでは話を進めることができなくなってしまうことがあります。

　定められた期限を過ぎてしまうと不利益が生じる手続もありますので、そのような場合はすみやかに弁護士や税理士、司法書士などの専門家に相談されることをおすすめします。

　専門家といっても様々な種類があり、それぞれたくさんの専門家がいます。相続税の申告のことで困っているのであれば税理士、不動産の名義変更のことなら司法書士…というように、**主な困りごとがはっきりしているのであれば、まずはその専門家の中から信頼できる方を探し、相談するという形がよいのではないでしょうか。**

　相続手続を数多く取り扱っている専門家であれば、他の専門家の関与が必要になった場合でも、その専門家から信頼できる専門家を紹介してもらうことができるでしょう。

　下記が悩み別の相談する専門家の目安ですが、知人の紹介やインターネットなどで専門家を探し、まずは実際に会って相談してみて、費用面なども含めて確認し、信頼できるかどうか見極めましょう。

【相談する専門家の目安】
◎相続人間で争いになっている　　　　　→　弁護士
◎不動産の名義変更手続を任せたい　　　→　司法書士
◎車などの名義変更手続を任せたい　　　→　行政書士
◎相続税申告を任せたい　　　　　　　　→　税理士

第6章

相続税の基本について学びましょう

相続税の基本的手続

　従来は対象者が一部のお金持ちだけに限られていた相続税。しかし、平成27年に制度が大きく変わり、より幅広い方が相続税の対象になっています。自宅を含めて4,000万〜5,000万円ほどの財産があれば申告が必要になり、もはや普通の方にとっても身近な税金といえるでしょう。平成28年にはマイナンバーの制度も導入されたので、漠然とした不安を抱かれている方も多いと思います。この章ではそんな相続税の基本について、確認していきましょう。

● 全員に必要なガイダンス ●

相続税の手続の流れを確認しましょう

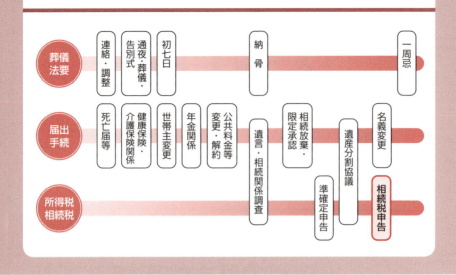

まずは相続税がかかるかどうかの確認を

　亡くなった方の残した財産が、相続税の非課税枠を超えていたら、10か月以内に相続税の申告書を作成し、税務署に提出しなければなりません。併せて相続税の納付も必要なので、第5章までの相続手続と並行して、以下についても確認しておきましょう。

チェック	確認すること		リンク
	相続税がかかるか	財産の評価方法	P166
	財産ごとの評価方法	土地・株・保険など	P167
	相続税はいくらか	相続税の計算方法	P168
	申告書の書き方	申告書のひな型	P190
	申告もれがあったら	税務調査やペナルティー	P204

相続税の基本的な手順のポイント

（1）相続財産の評価

亡くなった方が残した財産について調べ、残高証明書や登記簿謄本などが集まり始めたら、その財産が相続税の決まりに基づくといくらなのかを、財産ごとに計算してみましょう。

P166

（2）相続税の計算

（1）の評価額の合計が、相続税の非課税枠（基礎控除額）を超える場合には、自ら相続税の申告と納税が必要です。税務署が、相続税がかかるかどうかを判断し、書類を送ってくれるわけではありません。正確な判断や細かい計算は税理士に頼むとしても、まずは自分自身で、相続税がかかるかどうか大まかに確認してみましょう。

P168〜173

（3）申告書の作成・納税・税務調査など

相続税の申告書は、財産を相続した人全員が共同で提出するのが一般的です。税理士に頼まずに自分たちで作成してもかまいませんが、計算間違いや申告もれがあると、税務調査を受け、加算税などのペナルティーを課されることになるので、注意しましょう。

P204

第6章　相続税の基本的手続

● 全員に必要な手続 ●

 相続財産の評価方法を確認しましょう

相続税がかかるかどうかを知るために
相続財産の評価をしてみましょう。

できるだけ
すみやかに

　故人の財産が「どこに」「何があるか」把握できたら、次はその財産が「いくらなのか」を確認していきます。

財産調査　P116

まずは故人の相続財産を評価する

　故人が残した財産が、相続税の決まりに基づくといくらなのかを計算することを、**財産評価**といいます。相続税には、財産がこの金額以下なら相続税はかからないという**非課税枠（基礎控除額）**があります。財産が基礎控除額を超えている場合には、相続税の申告や納税が必要になりますが、これに満たなければ、相続税に関する手続は一切必要ありません。つまり、「相続財産を正しく評価する」ことが、相続税の手続における最初の一歩であり、一番大切なことです。

難しいのは土地の評価

　一般的に、故人の財産の大部分を占めるのは、自宅の土地・建物などの**不動産**と、預金や上場株式などの**金融資産**です。金融資産は、原則的に亡くなった日の残高や時価がそのまま評価額になりますが、不動産は相続税特有の方法で評価するため、少し専門的な知識が必要です。

土地には様々な特例がある

　自宅などの土地については、一定の面積まで課税価格が8割か5割減額できる**小規模宅地等の特例**という決まりがあります。土地はお金に換えにくい財産なので、残された家族にとって必要度が高い場合には、相続税の負担が軽くなるよう様々な特例が設けられています。

■ 主な相続財産ごとの評価方法

土地	宅地	（路線価方式）路線価×補正率×面積 （倍率方式）固定資産税評価額×倍率　 P180
	借地権	自用地の評価額×借地権割合
	貸宅地	自用地の評価額×（1－借地権割合）
	貸家の敷地	自用地の評価額×（1－借地権割合×借家権割合）
建物	自宅	固定資産税評価額
	貸家	固定資産税評価額×70％
手許現金		死亡日の手許残高
普通預金		死亡日の残高
定期預金		死亡日の残高＋利息（源泉税は差し引く）
株式	上場株式	死亡日の終値　 P186 ただし死亡月・その前月・その前々月を参考にすることも可能
	非上場株式	議決権割合などに応じ、原則的評価方式か特例的評価方式のどちらかで評価する　 P187
投資信託		死亡日の基準価額
死亡保険金		受取金額。ただし非課税枠がある　 P223
死亡退職金		受取金額。ただし非課税枠がある
個人年金		一定の評価方法により評価する
ゴルフ会員権		死亡日の取引価格×70％（預託金がない場合）
金地金		死亡日の買取価格
自家用車・絵画・家庭用財産		死亡日の時価。死亡日の時価が5万円以下の家庭用財産は一括で評価することも可能
電話加入権		地域により異なる。令和2年は全国一律1,500円

第6章　相続税の基本的手続

● 該当する方に必要な手続 ●

02 相続税を計算しましょう①

実際に相続税の対象となる「課税遺産総額」を
自分で計算してみましょう。

できるだけ
すみやかに

　相続財産を評価して、故人の財産がいくらなのかがわかったら、実際
に相続税を計算するステップに進みましょう。まず、**ステップ1**で財産
の評価額を合計し、**ステップ2**で債務などをマイナスします。**ステップ
3**で基礎控除額を差し引き、最終的に相続税がかかるかを判断します。

ステップ1 財産の評価額を合計する

◎ 相続財産 ＋ みなし相続財産 ＋ 生前贈与財産の一部

　相続税のかかる財産は、故人から**相続した財産**だけではありません。
死亡保険金や死亡退職金などの**みなし相続財産**も、故人の死亡に伴って
受け取るものなので、相続税のかかる財産に含めます。

　さらに、故人から亡くなる前3年以内にもらった財産や、相続時精算
課税制度という方法でもらった財産などの**生前贈与財産**も加算します。

ステップ2 マイナスできるものを差し引く

◎ 小規模宅地等の特例 ＋ 債務・葬式費用 ＋ 非課税財産

　死亡保険金や死亡退職金、自宅の土地などは、非課税枠や課税価格の
減額があるため、それらを**ステップ1**の金額から差し引きます。また、
相続人が負担した**債務・葬式費用**や、国や公益法人への**寄附金**もマイナ
スします。これらを差し引いた後の金額を**課税価格の合計額**と呼びます。

ステップ3 基礎控除額（非課税枠）を引く

　実際に相続税がかかるのは、**課税価格の合計額**から**基礎控除額**を引い
た残りの**課税遺産総額**の部分です。

■ 相続税、かかる？　かからない？

| 相続財産 | みなし相続財産 | 生前贈与財産 |

課税価格の合計額 ／ 小規模宅地等の特例※要申告 ／ 債務・葬式費用 ／ 非課税財産

課税遺産総額 ／ 基礎控除額

課税価格の合計額 ＞ 基礎控除額　　相続税がかかる

課税価格の合計額 ≦ 基礎控除額　　相続税はかからない

ポイントメモ　生前贈与が相続税に影響することがある

　相続税は**亡くなるとき**に、贈与税は**生きている**間に、無償で財産を受け取るとかかる税金です。しかし、贈与税法という法律があるわけではなく、相続税法の中に「相続税」と「贈与税」の決まりがあります。贈与税はあくまで相続税を「補う」ための税金なのです。

　そのため、相続で財産を取得した人に対する亡くなる時期に比較的近い３年以内の贈与については、相続税で計算し直すことになっており、また、相続時精算課税制度という方法での贈与は、すべての贈与を相続税で計算し直すことになっています。このように、生前贈与は相続税の計算に大きな影響を及ぼす点に注意が必要です。

生前贈与 P217

● 該当する方に必要な手続 ●

03 相続税を計算しましょう②

相続税の非課税枠である「基礎控除額」
我が家の場合はいくらになるか、確認してみましょう。

できるだけ
すみやかに

前ページまででご説明したように、**課税価格の合計額**が**基礎控除額**を超えると、その超えた部分である**課税遺産総額**に相続税がかかります。

増税により基礎控除額が減り、相続税の対象者は倍増

相続税は、平成27年1月1日以後に亡くなった方の相続から増税され、基礎控除額が3,000万円＋600万円×法定相続人の数になりました。

直近の国税庁の公表データを確認してみると、相続税を納めた人の割合は改正前の4.4％から8.5％（平成30年分）へと倍増しています。また、相続税は納めていなくても相続税の特例などを使うため申告書を税務署に提出した人の割合は、11.0％にものぼっています。

平成26年12月31日までの相続

5,000万円＋
1,000万円×法定相続人の数

4割減 →

平成27年1月1日以後の相続

3,000万円＋
600万円×法定相続人の数

基礎控除額は「法定相続人の数」に応じて決まる

例えば、夫が亡くなり、妻と子ども2人が相続人（法定相続人の数が3人）の場合の基礎控除額は、3,000万円＋600万円×3＝4,800万円です。つまり、自宅と金融資産とで4,000万～5,000万円程度の財産をお持ちの方にも、相続税がかかる可能性があります。

基礎控除額の引き下げにより、相続財産をもれなくすみやかに探し、全体像を把握することの重要性がより増しています。注意しましょう。

170

■ 相続税の基礎控除額　一覧表

法定相続人の数	基礎控除額
1人	3,600万円
2人	4,200万円
3人	4,800万円
4人	5,400万円
5人	6,000万円

最高税率もアップした

　相続税の税率も変わりました。従来は10〜50％の6段階でしたが、平成27年からは10〜55％の8段階となり、最高税率もアップしています。

■ 相続税の速算表

法定相続分に応じた取得金額	税率	控除額
1,000万円以下	10％	－
1,000万円超　　3,000万円以下	15％	50万円
3,000万円超　　5,000万円以下	20％	200万円
5,000万円超　　1億円以下	30％	700万円
1億円超　　2億円以下	40％	1,700万円
2億円超　　3億円以下	45％	2,700万円
3億円超　　6億円以下	50％	4,200万円
6億円超	55％	7,200万円

● 該当する方に必要な手続 ●

04 各人の相続税額を計算しましょう

各相続人が負担する相続税の税額は
2段階で計算するため少し手間がかかります。

できるだけ
すみやかに

　相続税の計算は、課税遺産総額に税率をかけるのではなく、相続人が財産をいったん法定相続分で分けたと仮定して、計算を進める点がポイントです。国にとっては、財産の分け方が変わっても、税収が変わらないというメリットがあります。

各人が実際に納める相続税額の計算方法

（計算例：9,800万円の財産を妻と子A・Bの計3人で相続する場合）

（1）財産を法定相続分で分けたと仮定する

　課税価格の合計額9,800万円から基礎控除額4,800万円（3,000万円＋600万円×3人）を差し引いた5,000万円が、課税遺産総額です。

　この課税遺産総額の5,000万円を、法定相続分で分けます。ここでは、実際にどのように相続したかは考慮しません。

（2）相続税の総額を求める

　（1）に171ページの速算表の税率をそれぞれかけ、控除額を控除すると、妻が325万円、子A・Bが137万5,000円ずつになります。その合計額が相続税の総額で、600万円になります。

（3）実際に相続した財産の割合で相続税の総額をあん分する

　（2）で求めた相続税の総額600万円を、妻と子A・Bが実際に相続した財産の割合であん分します。

　例えば、妻が2分の1、子Aが6分の1、子Bが3分の1の割合で財産を相続した場合には、600万円をこの割合であん分した金額が、各人が実際に納める相続税額になります。

172

■ **計算例** 【前提条件】相続人：妻・子Ａ・Ｂ／財産額：9,800万円

① 課税価格の合計額から基礎控除額を引き、課税遺産総額を法定相続分で分ける

課税価格の合計額　9,800万円

課税遺産総額　5,000万円　　基礎控除額　4,800万円

3,000万円＋
600万円×3
＝4,800万円

妻　：5,000万円×法定相続分1/2＝2,500万円

子Ａ：5,000万円×法定相続分1/4＝1,250万円

子Ｂ：5,000万円×法定相続分1/4＝1,250万円

② ①に171ページの相続税の速算表の税率をかけ、控除額を控除する

妻　：2,500万円×15％－50万円＝325万円
子Ａ：1,250万円×15％－50万円＝137万5,000円
子Ｂ：1,250万円×15％－50万円＝137万5,000円

相続税の総額
600万円

③ 相続税の総額600万円を実際に相続した財産の割合であん分する

妻　：600万円×1/2＝300万円
子Ａ：600万円×1/6＝100万円
子Ｂ：600万円×1/3＝200万円

ポイントメモ 「法定相続人の数」と「相続人の人数」の違い ……

　相続税の基礎控除額は、3,000万円＋600万円×法定相続人の数で計算します。ただし、相続放棄をした人がいる場合や、養子が2人以上いる場合、「法定相続人の数」は「相続人の人数」とは一致しませんので気をつけましょう。相続放棄や養子縁組は当事者の意思だけで自由に行えますが、それにより相続税の非課税枠や税率などが変わることを避けるため、相続税申告では「法定相続人の数」を使います。該当する場合には、税務署や税理士などの専門家に確認しましょう。

第6章　相続税の基本的手続

相続税額の早見表

困ったときは こちらを確認

相続税の計算は難しそう…。
そんな方はこの早見表を参考にして下さい。

■ 配偶者がいる場合

相続財産 (基礎控除額 控除前)	子どもの数			
	1人	2人	3人	4人
6,000万円	90万円	60万円	30万円	0
7,000万円	160万円	113万円	80万円	50万円
8,000万円	235万円	175万円	138万円	100万円
9,000万円	310万円	240万円	200万円	163万円
1億円	385万円	315万円	263万円	225万円
1億2,000万円	580万円	480万円	403万円	350万円
1億4,000万円	780万円	655万円	578万円	500万円
1億6,000万円	1,070万円	860万円	768万円	675万円
1億8,000万円	1,370万円	1,100万円	993万円	900万円
2億円	1,670万円	1,350万円	1,218万円	1,125万円
2億5,000万円	2,460万円	1,985万円	1,800万円	1,688万円
3億円	3,460万円	2,860万円	2,540万円	2,350万円
3億5,000万円	4,460万円	3,735万円	3,290万円	3,100万円
4億円	5,460万円	4,610万円	4,155万円	3,850万円
5億円	7,605万円	6,555万円	5,963万円	5,500万円
7億円	1億2,250万円	1億870万円	9,885万円	9,300万円
10億円	1億9,750万円	1億7,810万円	1億6,635万円	1億5,650万円

■ 子どもだけの場合

相続財産 （基礎控除額 控除前）	子どもの数			
	1人	2人	3人	4人
6,000万円	310万円	180万円	120万円	60万円
7,000万円	480万円	320万円	220万円	160万円
8,000万円	680万円	470万円	330万円	260万円
9,000万円	920万円	620万円	480万円	360万円
1億円	1,220万円	770万円	630万円	490万円
1億2,000万円	1,820万円	1,160万円	930万円	790万円
1億4,000万円	2,460万円	1,560万円	1,240万円	1,090万円
1億6,000万円	3,260万円	2,140万円	1,640万円	1,390万円
1億8,000万円	4,060万円	2,740万円	2,040万円	1,720万円
2億円	4,860万円	3,340万円	2,460万円	2,120万円
2億5,000万円	6,930万円	4,920万円	3,960万円	3,120万円
3億円	9,180万円	6,920万円	5,460万円	4,580万円
3億5,000万円	1億1,500万円	8,920万円	6,980万円	6,080万円
4億円	1億4,000万円	1億920万円	8,980万円	7,580万円
5億円	1億9,000万円	1億5,210万円	1億2,980万円	1億1,040万円
7億円	2億9,320万円	2億4,500万円	2億1,240万円	1億9,040万円
10億円	4億5,820万円	3億9,500万円	3億5,000万円	3億1,770万円

（注意点）
・配偶者がいる場合の早見表では、配偶者の税額軽減の特例 P176 を適用しています。
・相続人が法定相続分で財産を相続した場合に全員が納める相続税の総額です。
・税額は万円未満を四捨五入しています。

第6章 相続税の基本的手続

05 相続税の軽減・加算措置を確認しましょう

● 該当する方に必要な手続 ●

個々の事情を考慮して、相続税には様々な特例があります。主なものを確認していきましょう。

できるだけ
すみやかに

相続税には課税価格の減額や税額控除など、相続税が軽減される特例がいくつかあります。ただし、相続税の申告書を税務署に提出しないと適用を受けられないなど、特例を受けるにはいろいろな要件があるので確認してみましょう。

相続税の負担が軽くなる特例

（1）配偶者の税額軽減

配偶者は、1億6,000万円か法定相続分のどちらか多い金額までの財産額なら、相続税がかからずに相続できます。

（2）小規模宅地等の特例

故人が自宅や事業に使っていた土地は、一定の面積まで課税価格が8割または5割減額されます。

（3）贈与税額控除

故人から、相続開始前3年以内に生前贈与で財産をもらったときに納めた贈与税は、相続税から差し引くことができます。

（4）未成年者控除・障害者控除

相続人が20歳（令和4年4月1日以後は18歳）未満の未成年者や障害者の場合には、一定の金額を相続税から差し引けます。また、未成年者や障害者本人の相続税から差し引くことができない分は、その扶養義務者の相続税から差し引けます。

（5）相次相続控除

10年以内に2回以上の相続があった場合には、1回目のときにかかった相続税の一部を、2回目の相続税から差し引くことができます。

相続税の負担が重くなる特例

（1）相続税額の2割加算

　遺言書を作成すれば、相続人以外の人に財産を渡すことが可能です。ただし、配偶者・子ども・親以外の人が財産をもらった場合、相続税は2割増しになります。なお、子どもには**養子**も含まれますが、孫を養子にした場合には例外的に2割加算の対象になっています。

■ 配偶者の税額軽減・未成年者控除の計算例

【前提条件】相続人：妻・子A10歳／財産額：9,200万円

① 課税価格の合計額から基礎控除額を引き、課税遺産総額を法定相続分で分ける

課税価格の合計額　9,200万円

> 3,000万円＋
> 600万円×2
> ＝4,200万円

課税遺産総額　5,000万円	基礎控除額　4,200万円

- 妻　：5,000万円×法定相続分1/2＝2,500万円
- 子A：5,000万円×法定相続分1/2＝2,500万円

② ①に171ページの相続税の速算表の税率をかけ、控除額を控除する

妻　：2,500万円×15％−50万円＝325万円	相続税の総額
子A：2,500万円×15％−50万円＝325万円	650万円

③ 相続税の総額650万円を実際に相続した財産の割合であん分する

- 妻　：650万円×1/2＝325万円
- 子A：650万円×1/2＝325万円

④ 配偶者の税額軽減と未成年者控除を適用する

- 妻　：325万円−325万円（配偶者の税額軽減）＝0
- 子A：325万円−100万円（未成年者控除）＝225万円

※未成年者控除　10万円×10年（20歳になるまでの年数）＝100万円

第6章　相続税の基本的手続

06 土地の評価額を計算しましょう①

●該当する方に必要な手続●

相続財産の大半を占める土地。これをどう評価するかで、相続税額は大きく変わります。

できるだけ すみやかに

　亡くなった日の残高が、そのまま相続税の評価額になる預金とは違い、土地は、特別な方法で評価額を求めるので、難しいと思われがちです。
　しかし、相続財産の大半が**自宅の土地**だということも多いので、自分でも大まかに、土地の評価額を求めることができた方が安心でしょう。

■ 相続税　申告財産の種類別価額（平成30年分）

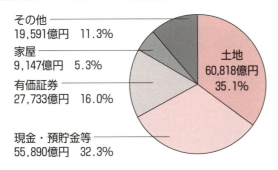

宅地

　宅地とは、自宅や賃貸アパート、事務所用のビルが建っている土地や貸宅地、借地権などのことをいい、**路線価方式**と**倍率方式**のいずれかで評価額を求めます。
　路線価方式とは、**路線価**に面積をかけて評価する方法で、倍率方式とは、固定資産税評価額に**倍率**をかけて評価額を求める方法です。路線価と倍率は、国税庁のウェブサイト（https://www.rosenka.nta.go.jp/）に公表されていて、誰でも確認できます。固定資産税評価額は、固定資産税の納税通知書に同封されている「令和〇〇年度固定資産税課税明細書」に記載があるので、土地の持ち主なら自分で確認ができます。

農地(田、畑)、山林

通常は**倍率方式**で評価しますが、宅地へ転用できる可能性を考慮して、住居や商店が多いエリアである市街地の農地などは、**宅地比準方式**(農地などが宅地であるとした場合の価額から、転用する場合にかかる造成費相当額を控除した金額により評価する方法)で評価します。

雑種地(駐車場などの土地)

その雑種地の近くにあって状況がよく似た土地(近傍地)の1㎡あたりの価額に一定の補正をし、面積をかけて評価額を求めます。詳しくは都税事務所や市区町村の固定資産税課で確認します。

■ 土地の評価方法

土地の種類	評価方法
宅地	路線価方式　または　倍率方式　P178
農地、山林	倍率方式　または　宅地比準方式
雑種地	近傍地の1㎡あたりの価額に補正をし、面積をかける

  分譲マンション1室の評価方法

　自宅が分譲マンション(区分建物)の1室という場合もあるでしょう。評価方法や考え方は通常の土地建物と同じです。イメージしにくいかもしれませんが、マンションの1室を**土地(敷地権)**と**建物(専有部分の建物)**とに分け、別々に評価額を求めます。

　マンションに限らず建物は、固定資産税評価額をそのまま相続税でも使います。土地は、マンション1棟が建っている敷地全体の評価額を通常の路線価方式や倍率方式で求め、それに自分の持分割合をかけたものが評価額になります。持分割合は、建物の登記事項証明書に「**敷地権の割合**」として記載されていますので、確認してみましょう。

07 土地の評価額を計算しましょう②

● 該当する方に必要な手続 ●

計算例を参考にしながら
自宅の土地を評価してみましょう。

できるだけ
すみやかに

　まず、国税庁のウェブサイト（https://www.rosenka.nta.go.jp/）の**評価倍率表**で自宅の町名を探します。「路線」と書かれていたら路線価方式、「1.1」などの倍率が書かれていたら、倍率方式で評価することになります。

（倍率表　令和2年分　町田税務署）

路線価方式

　市街地にある宅地は、その宅地が面している道路につけられた**路線価**に、面積をかけて評価額を求めます。

　路線価とは、その道路に面する標準的な宅地の1㎡あたりの価額のこと。国土交通省が公表している、毎年1月1日現在の土地の価格（公示価格）の約8割の水準になるように設定されています。

　また、標準的な形の土地でない場合、例えば、形がいびつ、間口がせまいといった事情を加味するため、**補正率**で調整を行います。

[例] 　55万円　×　　0.97　　×　100.00㎡　＝　5,335万円
　　　路線価　間口狭小補正率　　面積　　　　　評価額

■路線価図の見方

倍率方式

　市街地から離れた地域の宅地は、**固定資産税評価額**に倍率をかけて評価額を求めます。面積をかけないように注意しましょう。

［例］　　2,000万円　×　1.1　=　2,200万円
　　　　固定資産税評価額　倍率　　評価額

■課税明細書の見方（例：東京23区）

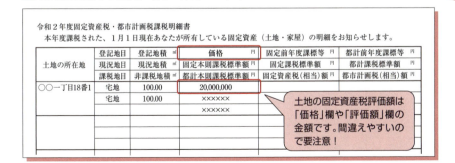

● 該当する方に必要な手続 ●

08 小規模宅地等の特例を確認しましょう①

この特例を使えれば、一定の面積まで
土地の課税価格が8割または5割減額されます。

原則10か月以内

　土地の評価額を求めたら、次に、その土地が小規模宅地等の特例の対象になるかを確認します。この特例を使えれば、亡くなった方の居住用または事業用だった土地の課税価格を80％または50％減額できます。内容を大まかに確認してみましょう。

「対象になる土地」の区分と上限面積・減額割合は3タイプ

区分	上限面積	減額割合
（1）特定居住用（自宅の敷地）	330㎡	▲80％
（2）特定事業用（商売用の土地）	400㎡	▲80％
（3）貸付事業用（賃貸業の土地）	200㎡	▲50％

（1）特定居住用

　故人の自宅敷地のうち、330㎡までを80％減額できます。

（2）特定事業用

　故人が貸付事業用以外の個人事業や商売に使っていたお店や工場などの敷地のうち、400㎡までを80％減額できます。

（3）貸付事業用

　貸家や賃貸マンション、貸駐車場の敷地など、故人が有償で貸していた土地のうち、200㎡までを50％減額できます（例外があります）。

「対象になる取得者」は、要件を満たした親族だけ

　上記3タイプの土地を、次の表に掲げた要件を満たす親族が引きつげば特例が使えます。親族とは、配偶者・六親等内の血族・三親等内の姻族のことです。要件さえ満たせば相続人以外の親族も特例を使えます。

182

■ 小規模宅地等の特例が使える親族の要件

区分	引きついだ人	要件
(1) 特定居住用	①配偶者	なし
	②同居親族	申告期限までその土地を持ち続け、家屋に住み続けること
	③別居親族 ※①②に該当する法定相続人（相続放棄した人を含む）がいない場合に限る	申告期限までその土地を持ち続けること。ただしその別居親族が、相続開始時に住んでいた家屋を過去に所有していたことがある場合や、相続開始前3年以内に日本国内にある配偶者・3親等内の親族・特別の関係のある法人の所有する家に住んでいた場合を除く。※
(2) 特定事業用	親族	申告期限までその土地を持ち続け、事業を続けること。ただし、その他一定の要件あり。
(3) 貸付事業用		

※平成30年4月1日以後の相続より。なお、令和2年3月31日までに相続が発生した場合は、平成30年3月31日時点で従前の要件を満たしていたなら、この要件を満たしているものとする経過措置あり。

【参考】その他の細かな注意点

　小規模宅地等の特例を使う場合は、以下の点にも注意して下さい。

・故人の居住用や事業用だったかは、相続直前の利用状況で判断します。
・申告期限後は、土地を売っても引っ越しても事業をやめても構いません。
・分譲マンションの敷地権にも、特例を使えます。

> 分譲マンションの1室の評価方法　P179

・自宅が二世帯住宅で、故人と親族が別の独立部分に住んでいても、区分所有という形で登記していなければ、同居していたと考えます。
・故人が相続開始時に要介護や要支援などの認定を受けていて老人ホームで亡くなった場合も、入所前に住んでいた家を自宅と考えます（故人の生計一親族以外の人が新たに自宅へ移り住んだ場合を除く）。
・（1）の特定居住用と（2）の特定事業用は、別枠でそれぞれの上限面積まで、最大合計730㎡まで80％減額できます。ただし、（3）の貸付事業用を（1）や（2）と組み合わせて適用するときは、以下の算式で全体として200㎡以下になるよう調整計算を行います。

$$\left((2)特定事業用 \times \frac{200}{400}\right) + \left((1)特定居住用 \times \frac{200}{330}\right) + (3)貸付事業用 \leqq 200㎡$$

第6章　相続税の基本的手続

● 該当する方に必要な手続 ●

⑨ 小規模宅地等の特例を確認しましょう②

この特例を使うには、いくつか
忘れてはならないポイントがあります。

原則10か月以内

対象になる土地と取得者の要件を満たしていても、小規模宅地等の特例を使うには、忘れてはならないポイントがあと2つあります。

対象になる土地・取得者　P182・P183

ポイント1　「相続税の申告書」を提出すること

評価額が5,000万円の自宅の敷地を同居親族が相続すれば、自動的に80％減額でき、1,000万円で相続税を計算できるわけではありません。

この特例の適用を受けることを記載した明細書と相続税の申告書を、所轄の税務署に提出する必要があります。

明細書の書き方　P196・P197

ポイント2　申告書提出までに「遺産分割協議」をまとめること

要件を満たす人が相続したときにしか、この特例は使うことができません。つまり、相続税の申告書を提出するまでに、誰がその土地を相続するのかを決めなければなりません。相続税の申告期限は、相続の開始があったことを知った日（通常は死亡日）の翌日から10か月以内です。

仮に、故人の財産すべてについての遺産分割協議がまとまらなくても、特例の対象になる土地だけでも誰が相続するのかが決まれば、特例を使うことができます。これを一部分割といいます。

しかし、それも難しい場合には、減額を行わない形の相続税の申告書と申告期限後3年以内の分割見込書というものを、申告期限までに所轄の税務署に提出し、相続税を多めに納めます。その上で3年以内に遺産分割協議がまとまれば、更正の請求という手続を行って特例の適用を受け、納めすぎた税金を返してもらえます。

遺産分割協議　P126　　更正の請求　P207

184

■ 小規模宅地等の特例の計算例

【前提条件】

故人の自宅の土地と建物を同居していた長男が相続し、相続税の申告期限まで持ち続け、住み続けた。

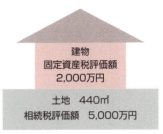

◎土地
① 相続税評価額　5,000万円
② 小規模宅地等の特例による減額金額

$$5,000万円 \times \frac{330㎡}{440㎡} \times 80\% = \underline{3,000万円}$$

③ ①－② = 2,000万円

◎建物
2,000万円

◎合計
土地2,000万円 + 建物2,000万円 = 4,000万円

「生計一親族」の自宅の土地に特例が使えることも

実は、故人ではなくその方と生計を一にしていた親族の居住用、事業用、貸付用の土地にも、この特例を適用できることになっています。

「生計を一にしていた親族」とは、故人とお財布を一緒にしていたような間柄の親族のことです。同居や別居といった物理的なことだけではなく、日常生活の経済的な側面でも判断します。

例えば、父名義の土地の上に、父の生計一親族である長男が家を建て、住んでいる状態で父が亡くなったとします。その土地は亡くなった父の居住用ではありませんが、生計一親族である長男の居住用の土地なので特例の適用を受けられます。他にも小規模宅地等の特例には細かい要件が多いので、税務署や税理士などの専門家に確認しましょう。

● 該当する方に必要な手続 ●

⑩ 上場株式の評価額を確認しましょう

株価が大きく変動する可能性を考慮してその月・
前月・前々月を参考にすることができます。

できるだけ
すみやかに

上場株式の評価方法

上場株式とは、東京証券取引所をはじめとした金融商品取引所に上場
されている株式のことをいい、取引所が公表している**課税時期（死亡日）
の最終価格**によって評価します。

課税時期が取引所の休日で、取引自体がないときには、課税時期前後
で課税時期に一番近い日の最終価格を使うことになっています。

ただし、上場株式の株価は大きく変動する可能性が高い点を考慮して、
「亡くなった月」「その前月」「その前々月」の「毎日の最終価格の平均額」
を「課税時期の最終価格」と比較して、もっとも低い価額を使ってもか
まわないことになっています。

■ 上場株式の評価明細書のひな型

上 場 株 式 の 評 価 明 細 書

銘　　柄	取引所等の名称	課税時期の最終価格		最終価格の月平均額			評価額	増資による権利落等の修正計算その他の参考事項
		① 月　日	価額	課税時期の属する月 ② 月	課税時期の属する月の前月 ③ 月	課税時期の属する月の前々月 ④ 月	①の金額又は①から④までのうち最も低い金額	
			円	円	円	円	円	

4つのうち、もっとも
低い価額を使います

11 非上場株式の評価額を確認しましょう

●該当する方に必要な手続●

非上場株式（取引相場のない株式）は会社に対する支配力の強さに応じた方法で評価します。

できるだけ
すみやかに

原則・特例のどちらになるかは、「同族株主」かどうかによる

取引相場のない株式は、「誰が相続するか」によって評価額が変わります。一般的には、株式を相続した人が会社に対する支配力が強いオーナー一族などの「同族株主」なら、会社の利益や資産などをもとにした原則的評価方式で評価します。一方、支配力が弱いその他の株主なら、配当だけをもとにした特例的評価方式（配当還元方式）で評価します。

自分が同族株主かどうかは、自分と親族の議決権割合の合計が、全体の３割以上になるかで判断します。ただし５割超のグループがあるときには、５割超のグループだけが同族株主になります。

原則的評価方式　類似・純資産のどちらかは、会社の規模による

原則的評価方式には「類似業種比準方式」「純資産価額方式」「両方の併用方式」の３つの方式があります。どれを使うかは、従業員数、総資産価額、年間取引金額により、会社の規模を大中小に分けて判断します。

- ・大会社　　類似業種比準方式
- ・小会社　　純資産価額方式
- ・中会社　　両方の併用方式

特例的評価方式　配当還元方式の評価方法

少数株主が取得した株式は、会社の規模にかかわらず、直近２年間の配当金額をもとにした配当還元方式で評価します。

■ 非上場株式の評価方法

【原則的評価方式】

会社の規模		評価方法
大会社		類似業種比準価額 ※純資産価額の方が低ければ、純資産価額
中会社	大	類似業種比準価額×0.90＋純資産価額×0.10
	中	類似業種比準価額×0.75＋純資産価額×0.25
	小	類似業種比準価額×0.60＋純資産価額×0.40
小会社		① 純資産価額 ② 類似業種比準価額×0.50＋純資産価額×0.50 ※①と②のいずれか低い方

◎類似業種比準方式

業種の類似した上場会社の平均株価と、1株当たりの配当金額、年利益金額、純資産価額などを比較し、株式の評価額を算出する。

◎純資産価額方式

相続税評価額で評価した資産の額から、負債の額、法人税相当額を控除した金額を発行済株式数で除して、株式の評価額を算出する。

【特例的評価方式】配当還元方式

$$\frac{年配当金額}{10\%} \times \frac{1株当たりの資本金等の額}{50円}$$

※年配当金額は直前期末以前2年間の平均
※1株当たりの資本金等の額は1株50円換算

会社規模の判定方法

会社規模			大会社	中会社 大	中会社 中	中会社 小	小会社
従業員数※			70人以上	35人超70人未満	20人超35人以下	5人超20人以下	5人以下
総資産価額※（帳簿価額）	卸売業			20億円以上	4億円以上	2億円以上	7,000万円以上	7,000万円未満
	サービス業・小売			15億円以上	5億円以上	2億5,000万円以上	4,000万円以上	4,000万円未満
	上記以外			15億円以上	5億円以上	2億5,000万円以上	5,000万円以上	5,000万円未満
年取引金額	卸売業			30億円以上	7億円以上	3億5,000万円以上	2億円以上	2億円未満
	サービス業・小売			20億円以上	5億円以上	2億5,000万円以上	6,000万円以上	6,000万円未満
	上記以外			15億円以上	4億円以上	2億円以上	8,000万円以上	8,000万円未満

※従業員数が70人以上の会社は大会社になります。
※従業員数が70人未満の会社は、従業員数と総資産価額についていずれか下の区分を選択した上で、さらに年間取引金額とを比較して、どちらか上の区分を選択します。

 **特定の評価会社**

　株式や土地を多く保有する会社、開業後3年未満の会社などは、同族株主なら純資産価額方式、その他の株主なら配当還元方式で評価します。

●該当する方に必要な手続●

12 相続税の申告書を作成しましょう

それでは相続税の申告書を作成してみましょう。
難しそうだったら、税理士に相談を。 原則10か月以内

相続税を申告しなければならない人は？

次ページの第1表「⑥課税価格」がその下の欄の「遺産に係る基礎控除額」を超える場合には、税務署に相続税の申告書を提出し、相続税を納める義務があります。また、1億6,000万円か法定相続分のどちらか多い財産額までなら配偶者が無税で相続できる**配偶者の税額軽減**や、故人が自宅などに使っていた土地につき、課税価格が80％または50％減額される**小規模宅地等の特例**を使えば相続税を納める必要のない人なども、特例の適用を受けるには、必ず申告書を提出しなければなりません。

申告・納税の期限は、相続の開始があったことを知った日（通常は死亡日）の翌日から10か月以内です。

実際の手続方法

相続税の申告書は、通常、相続人など申告義務のある人の**全員**が、共同で1通を作成し、同じ書類に記名押印した上で、故人の死亡時の住所地の所轄税務署に提出します。

■ 相続税の申告書の提出方法

提出書類	相続税の申告書（税務署の窓口で入手するか、国税庁のウェブサイトからダウンロードします）
提出先	被相続人の住所地の所轄税務署。令和元年分の申告からは電子申告も可
提出期限	相続の開始があったことを知った日（通常は死亡日）の翌日から10か月以内
提出義務者	被相続人から相続または遺贈により財産をもらった人

第1表（相続税の申告書）の書き方

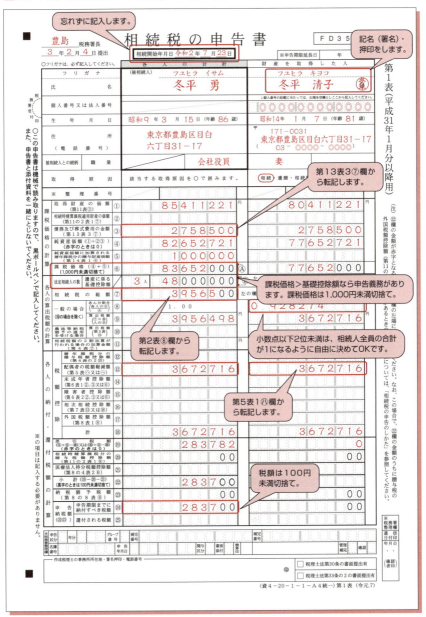

■第2表（相続税の総額の計算書）の書き方

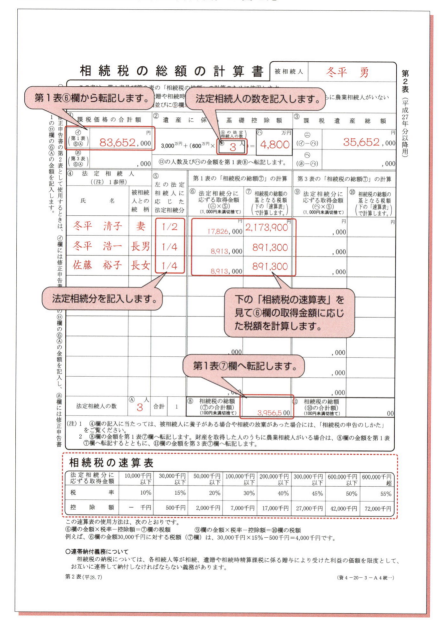

■ 第5表（配偶者の税額軽減額の計算書）の書き方

> 第11表配偶者の①欄から転記します。

> 第1表⑥⒜の金額を転記します。

配偶者の税額軽減額の計算書

被相続人　**冬平　勇**

第5表（平28年4月分以降用）

私は、相続税法第19条の2第1項の規定による配偶者の税額軽減の適用を受けます。

> 配偶者の法定相続分を記入します。

1　一般の場合　この表は、①被相続人から相続、遺贈や相続時精算課税に係る相続人がいない場合又は②配偶者が農業相続人である場合に記入

課税価格の合計額のうち配偶者の法定相続分相当額

（第1表の⒜の金額）　　　配偶者の法定相続分

83,652,000円　×　$\dfrac{1}{2}$　=　41,826,000円

上記の金額が16,000万円に満たない場合には、16,000万円　→　160,000,000

配偶者の税額軽減額を計算する場合の課税価格	①分割財産の価額（第11表の配偶者の①の金額）	分割財産の価額から控除する債務及び葬式費用の金額			⑤純資産価額に加算される暦年課税分の贈与財産価額（第1表の配偶者の⑤の金額）	⑥（①－④＋⑤）の金額（⑤の金額より小さいときは⑤の金額）（1,000円未満切捨て）
		②債務及び葬式費用の金額（第1表の配偶者の③の金額）	③未分割財産の価額（第11表の配偶者の②の金額）	④（②－③）の金額（③の金額が②の金額より大きいときは0）		
円	80,411,221	2,758,500		2,758,500		77,652,000

| ⑦相続税の総額（第1表の⑦の金額） | ⑧⑥の金額と⑨の金額のうちいずれか少ない方の金額 | ⑨課税価格の合計額（第1表の⒜の金額） | ⑩配偶者の税額軽減の基となる金額（⑦×⑧÷⑨） |
| 円 3,956,500 | 77,652,000 | 83,652,000 | 3,672,717 |

> 第1表⑦欄から転記します。

配偶者の税額軽減の限度額　（第1表の配偶者の⑨又は⑩の金額）（第1表の配偶者の⑫の金額）
（　3,672,716　円　－　　　　　円）　3,672,716

配偶者の税額軽減額　（⑩の金額と⒞の金額のうちいずれか少ない方の金額）　円　3,672,716

（注）⒞の金額を第1表の配偶者の「配偶者の税額軽減⑬」欄に転記します。

> 円単位まで計算し、第1表⑬欄へ転記します。

2　配偶者以外の人が農業相続人である場合　この表は、被相続人から相続、遺贈や相続時精算課税に係る贈与によって財産を取得した人のうちに農業相続人がいる場合で、かつ、その農業相続人が配偶者以外の場合に記入します。

課税価格の合計額のうち配偶者の法定相続分相当額

（第3表の⒜の金額）　　　配偶者の法定相続分

,000円　×　$\dfrac{}{}$　=　円

上記の金額が16,000万円に満たない場合には、16,000万円

配偶者の税額軽減額を計算する場合の課税価格	⑪分割財産の価額（第11表の配偶者の①の金額）	分割財産の価額から控除する債務及び葬式費用の金額			⑮純資産価額に加算される暦年課税分の贈与財産価額（第1表の配偶者の⑤の金額）	⑯（⑪－⑭＋⑮）の金額（⑮の金額より小さいときは⑮の金額）（1,000円未満切捨て）
		⑫債務及び葬式費用の金額（第1表の配偶者の③の金額）	⑬未分割財産の価額（第11表の配偶者の②の金額）	⑭（⑫－⑬）の金額（⑬の金額が⑫の金額より大きいときは0）		
円		円		円	円	,000円

| ⑰相続税の総額（第3表の⑦の金額） | ⑱⑯の金額と⑲の金額のうちいずれか少ない方の金額 | ⑲課税価格の合計額（第3表の⒜の金額） | ⑳配偶者の税額軽減の基となる金額（⑰×⑱÷⑲） |
| 円 00 | | ,000 | 円 |

配偶者の税額軽減の限度額　（第1表の配偶者の⑩の金額）（第1表の配偶者の⑫の金額）
（　　　　　円　－　　　　　円）　⑤

配偶者の税額軽減額　（⑳の金額と⑤の金額のうちいずれか少ない方の金額）　⒟

（注）⒟の金額を第1表の配偶者の「配偶者の税額軽減⑬」欄に転記します。

※　相続税法第19条の2第5項（隠蔽又は仮装があった場合の配偶者の相続税額の軽減の不適用）の規定の適用があるときには、「課税価格の合計額のうち配偶者の法定相続分相当額」の（第1表の⒜の金額）、⑥、⑨、⑩、「課税価格の合計額のうち配偶者の法定相続分相当額」の（第3表の⒜の金額）、⑯、⑰及び⑲の各欄は、第5表の付表で計算した金額を転記します。

第5表（平28.7）　　　（資4-20-6-1-A4統一）

第6章　相続税の基本的手続

193

■ 第9表（生命保険金などの明細書）の書き方

生命保険金などの明細書

被相続人　冬平　勇

第9表（平成21年4月分以降用）

1 相続や遺贈によって取得したものとみなされる保険金など

　この表は、相続人やその他の人が被相続人から相続や遺贈によって取得したものとみなされる生命保険金、損害保険契約の死亡保険金及び特定の生命共済金などを受け取った場合に、その受取金額などを記入します。

保険会社等の所在地	保険会社等の名称	受取年月日	受取金額	受取人の氏名
東京都千代田区丸の内 ○-○-○	○○生命保険相互会社	2・8・31	10,000,000 円	冬平　浩一
東京都千代田区丸の内 ○-○-○	○○生命保険相互会社	2・8・15	10,000,000	佐藤　裕子
		・　・		
		・　・		
		・　・		

（注）1　相続人（相続の放棄をした人を除きます。以下同じです。）が受け取った保険金などのうち一定の金額は非課税となりますので、その人は、次の2の該当欄に非課税となる金額と課税される金額とを記入します。
　　　2　相続人以外の人が受け取った保険金などについては、非課税となる金額はありませんので、その人は、その受け取った金額そのままを第11表の「財産の明細」の「価額」の欄に転記します。
　　　3　相続時精算課税適用財産は含まれません。

2 課税される金額の計算

　この表は、被相続人の死亡によって相続人が生命保険金などを受け取った場合に、記入します。

> 法定相続人の数を記入します。

保険金の非課税限度額	（500万円×　第2表のⓐの法定相続人の数　3人　により計算した金額を右のⒶに記入します。）		Ⓐ　15,000,000 円

保険金などを受け取った相続人の氏名	①受け取った保険金などの金額	②非課税金額 $\left(Ⓐ \times \dfrac{\text{各人の①}}{Ⓑ} \right)$	③課税金額（①-②）
冬平　浩一	10,000,000 円	7,500,000 円	2,500,000 円
佐藤　裕子	10,000,000	7,500,000	2,500,000

> 全体の「非課税限度額」を各人が実際に「受け取った保険金の金額」であん分し、各人の「非課税金額」を計算します。

合　計	Ⓑ 20,000,000	15,000,000	5,000,000

（注）1　Ⓑの金額がⒶの金額より少ないときは、各相続人の①欄の金額がそのまま②欄の非課税金額となりますので、③欄の課税金額は0となります。
　　　2　③欄の金額を第11表の「財産の明細」の「価額」欄に転記します。

第9表（平28.7）

（資4-20-10-A4統一）

■第11表（相続税がかかる財産の明細書）の書き方

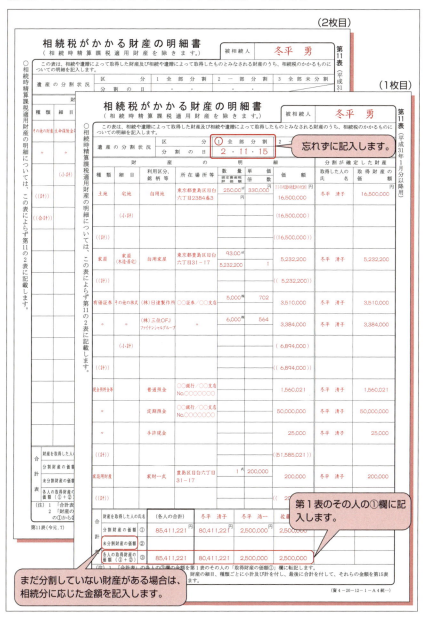

■ 第11・11の２表の付表１の書き方
（小規模宅地等についての課税価格の計算明細書）

小規模宅地等についての課税価格の計算明細書　　　　　　FD3547

被相続人　冬平　勇

○この申告書は機械で読み取りますので、黒ボールペンで記入してください。

　この表は、小規模宅地等の特例（租税特別措置法第69条の４第１項）の適用を受ける場合に記入します。
　なお、被相続人から、相続、遺贈又は相続時精算課税に係る贈与により取得した財産のうちに、「特定計画山林の特例」の対象となり得る財産又は「個人の事業用資産についての相続税の納税猶予及び免除」の対象となり得る宅地等がある場合には、第11・11の２表の付表２を、「特定事業用資産の特例」の対象となり得る財産がある場合には、第11・11の２表の付表２の２を作成します（第11・11の２表の付表２又は付表２の２を作成する場合には、この表の「１ 特例の適用にあたっての同意」欄の記入を要しません。）。
　（注）　この表の１又は２の各欄に記入しきれない場合には、第11・11の２表の付表１（続）を使用します。

1 特例の適用にあたっての同意

この欄は、小規模宅地等の特例の対象となり得る宅地等を取得した全ての人が次の内容に同意する場合に、その全ての人の氏名を記入します。

私（私たち）は、「２ 小規模宅地等の明細」の①欄の取得者が、小規模宅地等の特例の適用を受けるものとして選択した宅地等又はその一部
（「２ 小規模宅地等の明細」の⑤欄で選択した宅地等）について特例の適用を受けることに同意します。

氏名

冬平　清子

> 特例の対象となり得る財産を取得した人が複数いる場合、「全員」の名前を記名（署名）します。忘れやすいので要注意！

（注）　小規模宅地等の特例の対象となり得る宅地等を取得した全ての人の同意がなければ、この特例の適用を受けることはできません。

2 小規模宅地等の明細

　この欄は、小規模宅地等の特例の対象となり得る宅地等を取得した人のうち、その特例の適用を受ける人が選択した小規模宅地等の明細等を記載し、相続税の課税価格に算入する価額を計算します。

　「小規模宅地等の種類」欄は、選択した小規模宅地等の種類に応じて次の１～４の番号を記入します。

小規模宅地等の種類：①　特定居住用宅地等、②　特定事業用宅地等、③　特定同族会社事業用宅地等、④　貸付事業用宅地等

選択した小規模宅地等

小規模宅地等の種類 1～4の番号を記入します。	特例の適用を受ける取得者の氏名　事業内容	③のうち小規模宅地等（「限度面積要件」を満たす小規模宅地等）の面積
	所在地番	⑤のうち小規模宅地等（④×⑧）の価額
	取得者の持分に応ずる宅地等の面積	課税価格の計算に当たって減額される金額（⑥×⑨）
	取得者の持分に応ずる宅地等の価額	課税価格に算入する価額（④－⑦）
1	冬平　清子	250 ㎡
	東京都豊島区目白六丁目2384番3	82500000 円
	250.00 ㎡	66000000 円
	82500000 円	16500000 円
		㎡
		円
	㎡	円
	円	円
		㎡
		円
	㎡	円
	円	円

（注）1　①欄の「　」は、選択した小規模宅地等が被相続人等の事業用宅地等（②、③又は④）である場合に、相続開始の直前にその宅地等の上で行われていた被相続人等の事業について、例えば、飲食サービス業、法律事務所、貸家などのように具体的に記入します。
　　　2　小規模宅地等を選択する一の宅地等が共有である場合又は一の宅地等が貸家建付地である場合において、その評価額の計算上「賃貸割合」が１でないときには、第11・11の２表の付表１（別表１）を作成します。
　　　3　⑧欄の金額を第11表の「財産の明細」の「価額」欄に転記します。

○「限度面積要件」の判定

上記「２ 小規模宅地等の明細」の⑤欄で選択した宅地等の全てが限度面積要件を満たすものであることを、この表の各欄を記入することにより判定します。

※この項目は記入する必要がありません。

小規模宅地等の区分	被相続人等の居住用宅地等	被相続人等の事業用宅地等		
小規模宅地等の種類	1 特定居住用宅地等	2 特定事業用宅地等	3 特定同族会社事業用宅地等	4 貸付事業用宅地等
減額割合	80/100	80/100	80/100	50/100
⑤の小規模宅地等の面積の合計	250.00 ㎡			

限度面積

小規模宅地等のうちに4貸付事業用宅地等がない場合
[1]の⑤の面積　250.00 ㎡　≦330㎡
[2]の⑤及び[3]の⑤の面積の合計　㎡　≦ 400㎡

小規模宅地等のうちに4貸付事業用宅地等がある場合
[1]の⑤の面積　㎡×200/330　＋　[2]の⑤及び[3]の⑤の面積の合計　㎡×200/400　＋　[4]の⑤の面積　㎡　≦ 200㎡

（注）　限度面積は、小規模宅地等の種類（[4]貸付事業用宅地等の選択の有無）に応じて、⑪欄（イ又はロ）により判定を行います。「限度面積要件」を満たす場合に限り、この特例の適用を受けることができます。

※ 税務署整理欄	年分	名簿番号	申告年月日	一連番号	グループ番号	補完

第11・11の２表の付表１（令元.7）　　　　　　　　　　（資４-20-12-3-1-A4統一）

第11・11の２表の付表１（平成31年1月分以降用）

■ 第11・11の2表の付表1（別表）の書き方
（小規模宅地等についての課税価格の計算明細書（別表））

小規模宅地等についての課税価格の計算明細書（別表）

被相続人　**冬平　勇**

> この計算明細は、特例の対象として小規模宅地等を選択する一の宅地等（注）が、次のいずれかに該当する場合に一の宅地等ごとに作成します。
> 1　相続又は遺贈により一の宅地等を2人以上の相続人又は受遺者が取得している場合
> 2　一の宅地等の全部又は一部が、貸家建付地である場合において、貸家建付地の評価額の計算上「賃貸割合」が「1」でない場合
> （注）　一の宅地等とは、一棟の建物又は構築物の敷地をいいます。ただし、マンションなどの区分所有建物の場合には、区分所有された建物の部分に係る敷地をいいます。

1　一の宅地等の所在地、面積及び評価額

一の宅地等について、宅地等の「所在地」、「面積」及び相続開始の直前における宅地等の利用区分に応じた「面積」及び「評価額」を記入します。
(1)　「①宅地等の面積」欄は、一の宅地等が持分である場合には、持分に応ずる面積を記入してください。
(2)　上記2に該当する場合には、⑪欄については、⑤欄の面積を基に自用地として評価した金額を記入してください。

宅地等の所在地		①宅地等の面積	㎡
	相続開始の直前における宅地等の利用区分	面積（㎡）	評価額（円）
A	①のうち被相続人等の事業の用に供されていた宅地等 （B、C及びDに該当するものを除きます。）	②	
B	①のうち特定同族会社の事業（貸付事業を除きます。）の用に供されていた宅地等	③	
C	①のうち被相続人等の貸付事業の用に供されていた宅地等 （相続開始の時において継続的に貸付事業の用に供されていると認められる部分の敷地）	④	
D	①のうち被相続人等の貸付事業の用に供されていた宅地等 （Cに該当する部分以外の部分の敷地）	⑤	⑪
E	①のうち被相続人等の居住の用に供されていた宅地等	⑥	⑫
F	①のうちAからEの宅地等に該当しない宅地等	⑦	⑬

> 共有で取得する場合や賃貸物件に空室がある場合に添付します。

2　一の宅地等の取得者ごとの面積及び評価額

上記のAからFまでの「面積」及び「評価額」を、宅地等の取得者ごとに記入します。
(1)　「持分割合」欄は、宅地等の取得者が相続又は遺贈により取得した持分割合を記入します。一の宅地等を1人で取得した場合には、「1/1」と記入します。
(2)　「1　持分に応じた宅地等」は、上記のAからFに記入した一の宅地等の「面積」及び「評価額」を「持分割合」を用いてあん分して計算した「面積」及び「評価額」を記入します。
(3)　「2　左記の宅地等のうち選択特例対象宅地等」は、「1　持分に応じた宅地等」に記入した「面積」及び「評価額」のうち、特例の対象として選択する部分を記入します。なおBの一の宅地等の場合は、上段に「特定同族会社事業用宅地等」として選択する部分の「面積」及び「評価額」を、下段に「貸付事業用宅地等」として選択する部分の「面積」及び「評価額」をそれぞれ記入します。
「2　左記の宅地等のうち選択特例対象宅地等」に記入した宅地等の「面積」及び「評価額」は、「申告書第11・11の2表の付表1」の「2小規模宅地等の明細」欄の「⑧取得者の持分に応ずる宅地等の面積」欄及び「⑨取得者の持分に応ずる宅地等の価額」欄に転記します。
(4)　「3　特例の対象とならない宅地等（1－2）」には、「1　持分に応じた宅地等」のうち「2　左記の宅地等のうち選択特例対象宅地等」欄に記入した以外の宅地等について記入します。この欄に記入した「面積」及び「評価額」は、申告書第11表に転記します。

宅地等の取得者氏名		⑭持分割合 　／				
	1　持分に応じた宅地等		2　左記の宅地等のうち選択特例対象宅地等		3　特例の対象とならない宅地等（1－2）	
	面積（㎡）	評価額（円）	面積（㎡）	評価額（円）	面積（㎡）	評価額（円）
A	②×⑭	⑧×⑭				
B	③×⑭	⑨×⑭				
C	④×⑭	⑩×⑭				
D	⑤×⑭	⑪×⑭				
E	⑥×⑭	⑫×⑭				
F	⑦×⑭	⑬×⑭				

宅地等の取得者氏名		⑮持分割合 　／				
	1　持分に応じた宅地等		2　左記の宅地等のうち選択特例対象宅地等		3　特例の対象とならない宅地等（1－2）	
	面積（㎡）	評価額（円）	面積（㎡）	評価額（円）	面積（㎡）	評価額（円）
A	②×⑮	⑧×⑮				
B	③×⑮	⑨×⑮				
C	④×⑮	⑩×⑮				
D	⑤×⑮	⑪×⑮				
E	⑥×⑮	⑫×⑮				
F	⑦×⑮	⑬×⑮				

第11・11の2表の付表1（別表）（令元.7）　　　　　　（資4－20－12－3－5－A4統一）

■ 第13表（債務及び葬式費用の明細書）の書き方

債務及び葬式費用の明細書

被相続人　　冬平　勇

第13表（平成30年分以降用）

1　債務の明細
（この表は、被相続人の債務について、その明細と負担する人の氏名及び金額を記入します。）

種類	細目	債権者 氏名又は名称	住所又は所在地	発生年月日 弁済期限	金額	負担する人の氏名	負担する金額
公租公課	2年度分 住民税	豊島区役所	豊島区西池袋 二丁目45-1	2・1・1 ・・	38,500 円	冬平　清子	38,500 円
公租公課	2年度分 固定資産税	豊島都税事務所	豊島区西池袋 一丁目17-1	2・1・1 ・・	150,000	冬平　清子	150,000
				・・ ・・			
				・・ ・・			
				・・ ・・			
				・・ ・・			
合　計					188,500		

> 死亡日現在で支払うことが確実な故人の債務を記載します。

2　葬式費用の明細
（この表は、被相続人の葬式に要した費用について、その明細と負担する人の氏名及び金額を記入します。）

支払先 氏名又は名称	住所又は所在地	支払年月日	金額	負担する人の氏名	負担する金額
○○式典（株）	東京都豊島区○○ ○丁目○-○	2・7・31	2,270,000 円	冬平　清子	2,270,000 円
○○寺　お布施	東京都豊島区○○ ○丁目○-○	2・7・26	300,000	冬平　清子	300,000
		・・			
		・・			
		・・			
合　計			2,570,000		

> 【葬式費用にならないもの】
> 初七日や四十九日法会の費用、香典のお返し、仏壇の購入費用など。

3　債務及び葬式費用の合計額

債務などを承継した人の氏名		（各人の合計）	冬平　清子			
債務	① 負担することが確定した債務	188,500 円	188,500 円	円	円	円
	② 負担することが確定していない債務					
	③ 計（①+②）	188,500	188,500			
葬式費用	④ 負担することが確定した葬式費用	2,570,000	2,570,000			
	⑤ 負担することが確定していない葬式費用					
	⑥ 計（④+⑤）	2,570,000	2,570,000			
合　計（③+⑥）	⑦	2,758,500	2,758,500			

（注）1　各人の⑦欄の金額を第1表のその人の「債務及び葬式費用の金額③」欄に転記します。
2　③、⑥及び⑦欄の金額を第15表の㉟、㊱及び㊲欄にそれぞれ転記します。

第13表（令2.7）

（資4-20-14-A4統一）

■ 第14表（純資産価額に加算される暦年課税分の贈与財産価額及び特定贈与財産価額の明細書）の書き方

純資産価額に加算される暦年課税分の
贈与財産価額及び特定贈与財産価額
出資持分の定めのない法人などに遺贈した財産
特定の公益法人などに寄附した相続財産・
特定公益信託のために支出した相続財産　**の明細書**

被相続人　**冬平　勇**

第14表（平成31年4月分以降用）

1　純資産価額に加算される暦年課税分の贈与財産価額及び特定贈与財産価額の明細

　この表は、相続、遺贈や相続時精算課税に係る贈与によって財産を取得した人（注）が、その相続開始前3年以内に被相続人から暦年課税に係る贈与によって取得した財産がある場合に記入します。

（注）被相続人から租税特別措置法第70条の2の2（直系尊属から教育資金の一括贈与を受けた場合の贈与税の非課税）第10項第2号に規定する管理残額及び同法第70条の2の3（直系尊属から結婚・子育て資金の一括贈与を受けた場合の贈与税の非課税）第10項第2号に規定する管理残額以外の財産を取得しなかった人は除きます（相続時精算課税に係る贈与によって財産を取得している人を除きます。）。

番号	贈与を受けた人の氏名	贈与年月日	相続開始前3年以内に暦年課税に係る贈与を受けた財産の明細					①の価額のうち特定贈与財産の価額②	相続税の課税価格に加算される価額（①－②）③
			種類	細目	所在場所等	数量	①価額		
1	冬平　浩一	1・5・5	現金預貯金等	現金	東京都豊島区目白六丁目31−17		1,000,000 円	円	1,000,000 円
2		・　・					円	円	円
3		・　・					円	円	円
4		・　・					円	円	円

> 相続開始前3年以内に被相続人から暦年課税贈与で取得した財産を記載します。

贈与を受けた人ごとの③欄の合計額	氏名	（各人の合計）　冬平　浩一				
	④金額	1,000,000 円	1,000,000 円	円	円	円

　上記「②」欄において、相続開始の年に被相続人から贈与によって取得した居住用不動産や金銭の全部又は一部を特定贈与財産としている場合には、次の事項について、「（受贈配偶者）」及び「（受贈財産の番号）」の欄に所定の記入をすることにより確認します。

　　（受贈配偶者）　　　　　　　　　　　　　　　　（受贈財産の番号）
　私□□□□は、相続開始の年に被相続人から贈与によって取得した上記□□の特定贈与財産の価額については贈与税の課税価格に算入します。
　なお、私は、相続開始の年の前年以前に被相続人からの贈与について相続税法第21条の6第1項の規定の適用を受けていません。

（注）④欄の金額を第1表のその人の「純資産価額に加算される暦年課税分の贈与財産価額⑤」欄及び第15表の⑨欄にそれぞれ転記します。

2　出資持分の定めのない法人などに遺贈した財産の明細

　この表は、被相続人が人格のない社団又は財団や学校法人、社会福祉法人、宗教法人などの出資持分の定めのない法人に遺贈した財産のうち、相続税がかからないものの明細を記入します。

遺贈した財産の明細					出資持分の定めのない法人などの所在地、名称
種類	細目	所在場所等	数量	価額	
				円	
	合　計				

3　特定の公益法人などに寄附した相続財産又は特定公益信託のために支出した相続財産の明細

　私は、下記に掲げる相続財産を、相続税の申告期限までに、

(1) 国、地方公共団体又は租税特別措置法施行令第40条の3に規定する法人に対して寄附をしましたので、租税特別措置法第70条第1項の規定の適用を受けます。

(2) 租税特別措置法施行令第40条の4第3項の要件に該当する特定公益信託の信託財産とするために支出しましたので、租税特別措置法第70条第3項の規定の適用を受けます。

(3) 特定非営利活動促進法第2条第3項に規定する認定特定非営利活動法人に対して寄附をしましたので、租税特別措置法第70条第10項の規定の適用を受けます。

寄附（支出）年月日	寄附（支出）した財産の明細					公益法人等の所在地・名称（公益信託の受託者及び名称）	寄附（支出）をした相続人等の氏名
	種類	細目	所在場所等	数量	価額		
・　・					円		
・　・							
	合　計						

（注）この特例の適用を受ける場合には、期限内申告書に一定の受領書、証明書類等の添付が必要です。

第14表（令元.7）

（資4−20−15−A4統一）

第6章　相続税の基本的手続

199

■第15表（相続財産の種類別価額表）の書き方

■ 相続財産の種類別価額表（この表は，第11表から第14表までの記載に基づいて記入します。）

被相続人　冬平　勇　　　　FD3537

（氏名）　冬平　清子

第15表（平成30年分以降用）

（単位は円）

○この申告書は機械で読み取りますので，黒ボールペンで記入してください。

種類	細目	番号	各人の合計	氏名 冬平 清子
土地（土地の上に存する権利を含みます）	田	①		
	畑	②		
	宅　地	③	16500000	16500000
	山　林	④		
	その他の土地	⑤		
	計	⑥	16500000	16500000
⑥のうち特例農地等	通常価額	⑦		
	農業投資価格による価額	⑧		
家屋，構築物		⑨	5232200	5232200
事業（農業）用財産	機械，器具，農耕具，その他の減価償却資産	⑩		
	商品，製品，半製品，原材料，農産物等	⑪		
	売掛金	⑫		
	その他の財産	⑬		
	計	⑭		
有価証券	特定同族会社の株式及び出資	配当還元方式によったもの	⑮		
		その他の方式によったもの	⑯		
	⑮及び⑯以外の株式及び出資	⑰	6894000	6894000
	公債及び社債	⑱		
	証券投資信託，貸付信託の受益証券	⑲		
	計	⑳	6894000	6894000
現金，預貯金等		㉑	51585021	51585021
家庭用財産		㉒	200000	200000
その他の財産	生命保険金等	㉓	5000000	
	計	㉗	5000000	
合計（⑥＋⑨＋⑭＋⑳＋㉑＋㉒＋㉗）		㉘	85411221	80411221
相続時精算課税適用財産の価額		㉙		
不動産等の価額（⑥＋⑨＋⑭＋⑮＋⑯＋㉙）		㉚	21732200	21732200
⑯のうち株式等納税猶予対象の株式等の価額の80％の額		㉛		
⑰のうち株式等納税猶予対象の株式等の価額の80％の額		㉜		
⑳のうち特例株式等納税猶予対象の株式等の価額		㉝		
⑰のうち特例株式等納税猶予対象の株式等の価額		㉞		
債務等	債務	㉟	188500	188500
	葬式費用	㊱	2570000	2570000
	合計（㉟＋㊱）	㊲	2758500	2758500
差引純資産価額（㉘＋㉙－㊲）（赤字のときは0）		㊳	82652721	77652721
純資産価額に加算される暦年課税分の贈与財産価額		㊴	1000000	
課税価格（㊳＋㊴）（1,000円未満切捨て）		㊵	83652000	77652000

（吹き出し）第11表に記載した金額を財産の細目別に合計します。

（吹き出し）第13表から転記します。

申告 年	名簿番号	申告年月日	グループ番号

（資4－20－16－1－A4統一）

200

■ **相続税の申告書の記入順序**

　相続税の申告書は、計算書や明細書も含めて第1表から第15表までありますが、すべての表を作成する必要はありません。図の矢印の順で、自分に必要な表だけを作成しましょう。実際には、これらの計算書や明細書に記載した数字の根拠となる資料も税務署に提出します。

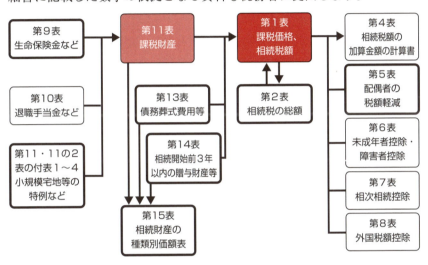

 **マイナンバーの確認について**

　相続税の申告書には、申告する人全員の**マイナンバー（個人番号）**の記載が必要になります。また、税務署の窓口では、申告書に記載されたマイナンバーが正しいかの番号確認と、その人が確かにその番号の持ち主であるという身元確認の両方が行われます。プラスチック製の**マイナンバーカード**がお手元にある方はそれを持参して下さい。市区町村から届いた紙製の**通知カード**しかない方は、その通知カードと、**運転免許証、パスポート、公的医療保険の被保険者証**などのいずれかを忘れずに持参し提示して下さい。郵便で申告書を提出する場合は、それらのコピーを添付します。なお、亡くなった方のマイナンバーは必要ありません。

●該当する方に必要な手続●

13 相続税の納税方法を確認しましょう

相続税の申告をしたら納税も忘れずに。
遅れると利息がかかります。

原則10か月以内

相続から10か月以内に金銭一括納付が大原則

相続税の納期限は、申告書の提出期限と同じ、**相続の開始があったことを知った日（通常は死亡日）の翌日から10か月以内**です。この日が土日祝日や年末年始の休日（12月29日から1月3日）の場合には、これらの日の翌日が期限です。納期限までに**現金**で、かつ、**一括**で納めることになっています。

相続税の納付場所・納付書の入手方法

相続税は、所定の納付書に必要事項を記入し、最寄りの金融機関の窓口か申告書を提出する所轄税務署に出向いて、現金で納めます。自宅のパソコンやスマートフォンを使い、クレジットカードで支払う方法もありますが、カードの利用限度額を超える決済はできず別途決済手数料もかかるため、一般的ではありません。

納付書はどの税務署でも入手できますので、事前に入手し、以下の記入例を参考に記入しておくと安心です。税務署の窓口で亡くなった方の住所や死亡年月日を伝えれば、その場で必要事項の印字された納付書を作ってくれます。手数料などはかかりません。切手を貼った返信用封筒を同封し郵送で依頼すれば、送ってもらうこともできます。

現金・一括払いできない場合には

1日でも納期限を過ぎてしまうと、本来払うべき相続税に加え、利息である**延滞税**を払う義務が生じますので、注意しましょう。

延滞税　P206

また、遺産の大半を土地や建物などの不動産が占めているなど、相続税を現金一括で納めるのが難しい場合には、例外的に、分割払いの**延納**や、物で払う**物納**という納税方法が認められることもあります。

延納・物納　P208

■ 相続税の納税方法

書類の名称	（納付書）領収済通知書
納税できる場所	被相続人の住所地の所轄税務署または最寄りの金融機関の窓口
納期限	相続の開始があったことを知った日（通常は死亡日）の翌日から10か月以内
納税義務者	被相続人から ・相続または遺贈により財産をもらった人 ・相続時精算課税制度などにより生前贈与で財産をもらった人

■ 相続税の納付書（記入例）

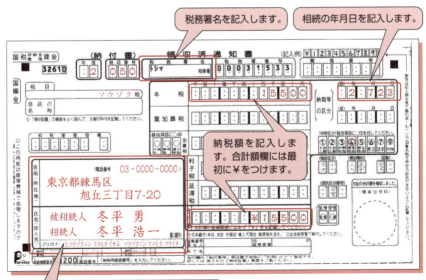

203

14 税務調査とペナルティー

● 該当する方に必要な手続 ●

相続税は、他の税金より
税務調査を受ける確率が高いです。

申告後
3年以内が多い

税務調査とは

　税務署は、提出された申告書に誤りや不明な点があり、詳しく調べたいという場合には、**税務調査**を行います。これは、映画「マルサの女」で描かれたような強制調査ではなく、納税者の承諾を得て任意に行われるものです。事前に税務署から相続人に電話で連絡があり、日程の調整にも応じてもらえます。また、税理士の立会いも認められています。

相続税の税務調査率はかなり高い

　相続税は、税務調査を受ける確率が、所得税など他の税金と比べてかなり高いという特徴があります。所得税や法人税などについて税務調査を受ける確率は全体の数％ですが、相続税は申告書を出すと、10％近くの確率で実際に税務署などの方がやってきます。そして、そのうちの8割以上の人が、何らかの**申告もれ**を指摘されています。

妻のへそくりには要注意！

　期限までに申告された財産を種類別に見てみると、土地や建物などの「不動産」が全体の半分近くを占めているのに対し、申告もれになっている財産は、「現金や預貯金」が4割近くと、一番多くなっています。

　実は、金融資産の「所有者が誰か」を考えるとき、「名義が誰か」という点はあまり重視されません。財産の名義が亡くなった人ではなくても、故人の稼ぎがもとになっている財産には、相続税がかかります。

　専業主婦や未成年の子ども名義の金融資産がある場合には、本当の所有者が誰なのかという点につき、十分検討するようにしましょう。

■ 相続税　申告もれ財産の種類別内訳（平成30事務年度分）

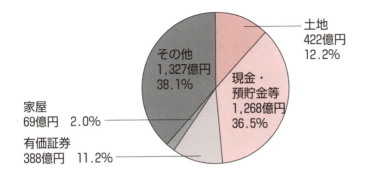

■ 申告もれ・納税不足に対する利息や制裁

延滞税	納期限に遅れて納税したとき	年8.9%
過少申告加算税	期限までに申告納税したが不足があったとき	5％ ・ 10％ （10％）（15％）
無申告加算税	期限までに申告納税しなかったとき	10％ ・ 15％ （15％）（20％）
重加算税	仮装隠ぺいなど故意に税を逃れようとしたとき	35％・40％

（注意点）

・延滞税は通常1年間のみ。ただし重加算税がかかる場合は全期間。当初2か月間は年2.6％。それ以後は年8.9％（令和2年）。

・過少申告加算税は、税務調査の通知前の自発的修正申告にはかからない。それ以後の場合で新たに納める税金が期限内申告税額と50万円のいずれか多い金額を超える部分はカッコ内。

・無申告加算税は、税務調査の通知前の自発的期限後申告は5％。それ以後の場合で納付税額が50万円を超える部分はカッコ内。

・重加算税は、過少申告なら35％、無申告なら40％。重加算税がかかるとき、過少申告加算税や無申告加算税はかからない。

● 該当する方に必要な手続 ●

⑮ 修正申告、更正の請求をするとき

相続税の申告内容が間違っていたら
なおす手続は2とおりあります。

5年以内
（更正の請求）

相続税の申告と納税を10か月以内に済ませれば、ほっと一安心。しかし、その後に間違いに気づいたら、どのような手続で誤りを訂正すればいいのでしょう。また、訂正しない場合にはどのような処分を受けるのでしょう。

納めた相続税が少なすぎたら「修正申告」を

本来納めるべき相続税より少なかった場合には、**修正申告**というものを行います。「いつまでに」という期限はありませんが、できるだけ早く行うようにします。理由は次の2つです。

（1）「延滞税」が増えるから

延滞税は利息に相当する税金なので、遅れた日数に応じてかかります。本来の納期限から2か月間は年2.6％（令和2年）の割合ですが、それを過ぎると年8.9％（令和2年）という高い割合になりますので、早めに納めた方がよいでしょう。

（2）「過少申告加算税」がかかってしまうから

税務署の指摘を受けてから修正申告をすると、不足していた分の相続税と利息である延滞税の他に、制裁金としての**過少申告加算税**がかかります。過少申告加算税は、通常、修正申告で納める相続税の10％相当額ですが、追加で納める相続税の金額により、15％になることもあります。

税務署から税務調査の通知がある前に自主的に修正申告をすれば、過少申告加算税はかかりませんので、すみやかに訂正しましょう。

不正に相続税を逃れようとした場合には

　申告期限から１年以上たってから修正申告を行った場合でも、原則的に、延滞税は１年分しかかからないことになっています。

　しかし、意図的に財産を隠すなど、偽って不正に相続税を逃れようとしたときには、**遅れた日数の全期間分の延滞税を納めなければならなく**なるので、注意が必要です。

　さらに、この場合には制裁金も**過少申告加算税**ではなく**重加算税**がかかります。過少申告加算税は、通常、修正申告で納める相続税の10％または15％相当額ですが、重加算税はこれが35％に跳ね上がります。

　財産を隠すと、通常より多くの税金がかかってしまい、結局損をします。相続税は最初から正しく納めた方がいいでしょう。

相続税を多く納めすぎたら「更正の請求」を

　本来納めるべき相続税より多く納めすぎた場合には、**更正の請求**を行えば、納めすぎた相続税の還付を受けられます。

　更正の請求の期限は、**相続税の申告期限から５年以内**です。

間違いを税務署の側から直されることもある

　税理士に相続税の申告作業を依頼して、きちんと納税まで済ませていても、その後、税務署の税務調査を受け、何らかの間違いや見解の相違を指摘されることがあります。

　その指摘に納得できないなどの理由から、自主的に**修正申告**を行わない場合には、税務署が**更正**という処分を行います。

> **コラム** ● 延納と物納について

相続税を、現金で一括で納めるのが難しい場合には、例外的に、分割払いの**延納**や物で払う**物納**という方法が認められることがあります。申告期限までに申請書を提出すれば、通常は、申請後3か月以内に、所轄の税務署が許可または却下の判断を行います。

延納について

延納の許可を受けるには、有価証券や土地、建物などの財産を**担保**として提供する必要があります。遺産ではなく、自分がもともと持っている財産や第三者の財産でもかまいませんが、共有財産の持分や未分割のままの遺産は担保にできません。延納税額が100万円以下で、延納期間が3年以下の場合、担保は不要です。

延納が認められる期間は、遺産に占める不動産の割合によって変わり最高20年間です。期間中は、利息に相当する**利子税**もかかります。

物納について

物納は、延納による分割払いでも、現金で納税できない場合に限って認められます。物納できる財産は、財産の種類ごとに順位が決まっていて、①不動産、船舶、国債、地方債、上場株式等（上場している株式、社債、証券投資信託など）、②非上場株式等、③動産の順です。

財産の収納価額(納税に充当される価額)は、原則として、相続税の課税価格を計算した際の価額です。例えば、小規模宅地等の特例を適用した土地を物納する場合は、軽減後の価額が相続税への充当額になります。

第7章

将来の相続に備えましょう

生前対策の基礎知識

　ここまで葬儀後の届出・手続について確認してきました。いかに多くの届出・手続が必要か、ご確認いただけたと思います。

　では、自分自身の老後、そして死後のことを考え、残される家族や親族の負担を減らすために、今のうちからできる備え・対策はあるのでしょうか。

　この章では少し視点を変えて、生前にできること、やっておくべきことについて簡単に確認をしてみましょう。

● 全員が確認したい手続 ●

01 遺言の作成方法を確認しましょう

遺言を残すことで、親族等に自分の意思を伝え、
相続後の手続に反映させることができます。

相続に備えて生前にできる対策として、もっとも一般的なのが**遺言**です。代表的な遺言の方法について確認しましょう。　遺言の効果　P100

代表的な遺言の方法

（1）自筆証書遺言
書き方　P212

自筆証書遺言は、従来は**遺言者が全文、日付及び氏名を自書**し、**押印**する必要がありましたが、財産目録はパソコンで作成したものや、通帳のコピーを添付する形などでもよいことになりました。公証人の関与は不要ですが、内容や様式に不備が生じる可能性があり、偽造や変造、破棄、紛失の恐れもある点に注意すべきです。また、相続開始後には原則として遺言書の検認手続が必要です。

検認手続　P102　　例外・自筆証書遺言書保管制度　P213

（2）公正証書遺言

公正証書遺言は、証人2名の立会いのもと、公証役場にいる公証人が関与して作成します。公証人に自宅や病院に出張してもらうこともできます。公証人手数料がかかりますが、検認が不要であることや、**原本は公証役場で保管**され、偽造や変造、破棄の恐れがないことから、生前の対策としてはもっとも有効なものといえます。　遺言の探し方　P101

（3）秘密証書遺言

秘密証書遺言は、遺言者が署名捺印した書面を封印し、**公証人と証人2名**にその封書が自己の遺言書である旨を申述する必要があります。

誰にも内容を知られずに作成することができますが、自筆証書遺言と同様に、内容や様式に不備が生じる可能性はあります。また、遺言書の検認手続も必要です。　遺言書の検認　P102

■ 遺言についてのよくある疑問

Q1 自分が死んだ後、遺言は誰が実現してくれるのですか？

A1 遺言の中で**遺言執行者**を指定することができます。指定された遺言執行者は、相続財産の管理その他遺言の執行に必要な一切の権利義務を有します。遺言を残す者にとって、遺言に残した自らの意思を実現してもらう重要な存在です。

Q2 遺言は書き直すことができますか？

A2 遺言を残した後に状況や気持ちが変わることも考えられます。そのような場合は、いつでも遺言を撤回することができます。遺言の撤回は、あらたに遺言を作成する方法によって行います。公正証書遺言以外の遺言の場合は、遺言を作成した者が遺言を故意に破棄することによって撤回することもできます。

Q3 遺言で相続させると指定した者が先に死亡した場合は？

A3 遺言で財産を相続させる者を指定することができますが、その者が遺言者より先に死亡した場合、原則としてその部分は失効します。そのため、「Aが遺言者の死亡以前に死亡した場合はBに相続させる」というような予備的な遺言が有効です。

Q4 遺言は認知症になっても作成できますか？

A4 遺言は、年齢的には15歳に達していれば作成できますが、法律上、遺言能力があることが求められています。遺言能力とは、遺言の内容を具体的に決定し、判断できるような能力のことです。認知症と診断されても、この能力があれば作成できますが、微妙な状況で作成した遺言は、後日、争いの原因になることもあります。そのような疑いの余地がない時期に作成するようにしましょう。

第7章 生前対策の基礎知識

■ 自筆証書遺言の作り方

遺言書

　遺言者である冬平勇は、この遺言書により、次のとおり遺言する。

1. 遺言者は遺言者の所有する下記の不動産を妻である冬平清子に相続させる。
　（1）土地　所　在　豊島区目白六丁目
　　　　　　地　番　31番17
　　　　　　地　目　宅地
　　　　　　地　積　123.45㎡

　（2）建物　所　在　豊島区目白六丁目 31番地17
　　　　　　家屋番号　31番17
　　　　　　種　類　居宅
　　　　　　構　造　木造瓦葺2階建
　　　　　　床面積　1階　48.26㎡　　2階　48.26㎡

2. 遺言者は遺言者の所有する下記の預金を長男である冬平浩一に相続させる。
　（1）春夏銀行　目白支店　普通預金　口座番号　9876543　一式
　（2）豊島信用金庫　本店　定期預金　口座番号　1357924　一式

3. 遺言者は遺言者の所有する下記の預金を長女佐藤裕子の長女佐藤麻衣（平成元年12月28日生）に遺贈する。
　（1）春夏銀行　目白支店　定期預金　口座番号　9876545　一式

4. 遺言者はこの遺言の遺言執行者として下記の者を指定する。
　東京都練馬区旭丘三丁目7番20号　冬平　浩一
　昭和40年 2月5日生

令和2年 5月25日

　　　　東京都豊島区目白六丁目31番17号　遺言者　冬平　勇 ㊞

- 遺言書の本文はすべて遺言者が自書する必要があります。
- 不動産の表示は登記事項証明書のとおりに正確に記載します。
- 預貯金は口座番号などで特定します。
- 遺言執行者を指定する場合は記載します。
- 日付・氏名を自書します。
- 遺言者の押印を要します。なるべく実印を押すのが望ましいです。押印がない自筆証書遺言は無効です。

　遺言書の本文に「別紙目録一の不動産を相続させる」などと書き、別紙目録としてパソコンで作成した財産目録などを添付してもOK。ただし、各ページに署名押印は必要。

212

確認しておきましょう ▶ 自筆証書遺言書保管制度

新たに始まった「自筆証書遺言書保管制度」のことをチェックしましょう。

　自筆証書遺言は、公証人などの関与が必要なく、費用もかからず、気軽に作成できる遺言ですが、偽造や変造、破棄、紛失のおそれや、相続発生後に検認の手続が必要になるなどのデメリットもあります。これらのデメリットを補い、利用しやすくするという趣旨で、令和2年7月10日から**自筆証書遺言書保管制度**が始まりました。

> 遺言の方法　P210

　ここで、制度の概要について確認しておきましょう。

■ 自筆証書遺言書保管制度の概要

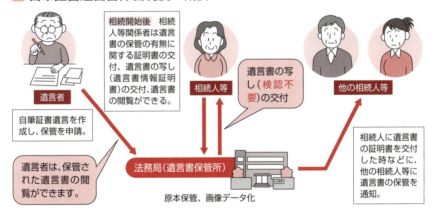

自筆証書遺言書保管申請の方法　　P214

　自筆証書遺言を作成したら、法務局（遺言書保管所）に遺言書の保管の申請をすることができるようになります。

　この申請は、遺言を作成した本人が管轄の法務局に出向いて行う必要があり、家族が代理人や使者として行うことは認められていません。

　なお、保管申請に限らず、この制度に関連して法務局で行うすべての手続について、電話などでの予約が必要とされています。

自筆証書遺言の保管と閲覧

　申請された自筆証書遺言の原本は法務局（遺言書保管所）で保管されます。震災などでの滅失のおそれを考慮してデータでも保管されます。

　遺言者は、遺言書保管所に出向き、いつでも遺言書の閲覧を請求できます（モニターでの閲覧は全国の遺言書保管所で、原本の閲覧は原本を保管した遺言書保管所でのみ可）が、遺言者の存命中は、遺言者以外の推定相続人などは閲覧や照会を行うことができません。

遺言者死亡後の取り扱い

　遺言者が死亡した後は、誰でも、遺言書保管所に「遺言書保管事実証明書」の交付請求をすることで、自分が相続人や受遺者などになっている遺言書（**関係遺言書**）が保管されているかどうかを確認することができます。また、相続人等は遺言書の写し（**遺言書情報証明書**）の交付も受けられます。

　遺言書情報証明書を交付したり、遺言書の閲覧が行われた場合、法務局は、他の相続人などの遺言書の関係者に対して、すみやかに遺言書が保管されている旨を通知します。そのため、家庭裁判所での検認が不要とされています。

　交付された遺言書情報証明書によって、スムーズに相続手続を行うことができるようになります。

■ 自筆証書遺言の保管申請方法
（令和2年8月現在の情報による）

申請できる人	遺言者のみ（代理人や使者による申請は不可）
申請する遺言書保管所 （いずれか）	①遺言書の住所地 ②遺言者の本籍地 ③遺言者所有の不動産所在地
申請に必要な費用	1件につき3,900円
必要なもの （他の書類が必要になる場合あり）	申請書　　本人確認書類 封をしていない自筆証書遺言 本籍の記載がある住民票の写し　　　　など

214

■ 自筆証書遺言書保管制度の手数料一覧

申請・請求の種別	申請・請求者	手数料
遺言書の保管申請	遺言者	3,900円／１件
遺言書の閲覧請求 （モニター）	遺言者 　関係相続人等	1,400円／１回
遺言書の閲覧請求 （原本）	遺言者 　関係相続人等	1,700円／１回
遺言書情報証明書の 交付請求	関係相続人等	1,400円／１通
遺言書保管事実証明書の 交付請求	関係相続人等	800円／１通
申請書等・撤回書等の 閲覧請求	遺言者 　関係相続人等	1,700円／一の申請書等・ 撤回書等

※遺言書の保管申請の撤回及び変更の届出は手数料はかかりません。

コラム ● 通知について

　遺言者の死亡後、関係相続人等がその遺言書を閲覧したり、遺言書情報証明書の交付を受けると、その他の関係相続人に対して遺言が保管されている旨が通知されます。

　ただ、閲覧や交付請求がされなければ、この通知は実施されないため、これを補うものとして、別の通知制度が令和３年度以降頃から運用開始予定です。遺言者が希望した場合に、推定相続人等のうち遺言者が指定した１名に対し、遺言書保管官が（遺言者の死亡の事実を確認でき次第、）遺言書が保管されている旨を通知する、というものです。

　遺言書保管官が戸籍担当部局から直接、情報提供を受けるという仕組みで、閲覧や交付請求がなくても伝えたい方に通知されるため、使い方によってはとても便利なものになりそうです。

第7章　生前対策の基礎知識

● 全員が確認したい手続 ●

02 エンディングノートについて確認しましょう

老後のことや死後のこと。家族に伝えておきたいことを
エンディングノートとして書いておくと役立ちます。

　一緒に生活をしていたり、近所に住んでいたりする家族でも、意外とわからないことは多いものです。離れて暮らしていれば、親子でも兄弟でも知らないことはたくさんあるはずです。

　「もしものことがあったら伝えておきたいこと」を書いておくのが、エンディングノートです。特に決まった様式や書き方はありませんので、市販のものを購入してもよいですし、お手元にあるノートなどに書き記す形や、パソコンにデータとして保管する形でも大丈夫です。

エンディングノートに書いておきたいこと

　エンディングノートには、死後に備えた内容だけでなく、老後の希望などについても書いておくとよいです。また、家族に伝えておきたいことや思いなどを書いてみるのもよいでしょう。重要な情報を記載することになりますので、保管方法には注意が必要です。

■ 書いておきたいことの一例

個人的な情報	財産（資産、負債）や契約に関する情報、重要書類の保管場所、デジタル遺品についての情報　など　P116・P118
老後の備え	持病、かかりつけ病院、緊急連絡先（親族、勤務先、病院など）、老後の生活についての希望　など
死後の備え	葬儀の希望（規模や方式など）、家族に伝えておきたい思いや情報　など

● 全員が確認したい手続 ●

03 生前贈与の活用を検討しましょう①

生前贈与を行えば、
相続税の負担を減らすことができます。

　相続税の増税に備え、**生前贈与**を行う人が増えています。相続税と贈与税の違いを上手く利用すれば、税金の負担を軽くすることができます。

相続税と贈与税　P169

必ず贈与の証拠を残すこと

　相続がいつ起きるかは誰にもわかりません。そして、その時に故人が残した財産のすべてに一度に**相続税**がかかります。非課税枠である基礎控除額も、財産全体から差し引きます。

基礎控除額　P170

　しかし生前贈与なら、自分の意思と都合に合わせ、いつ、誰に、いくら渡すのかを決めることができます。贈与税の非課税枠はもらう人ごとに**毎年110万円**なので、子や孫など、多くの人に何年かに分けて財産を渡すことも可能です。

　ただし、贈与の**証拠となる資料**を残しておかないと、税務署は贈与があったという事実を認めてくれません。贈与した人・もらった人両方の署名捺印がある**贈与契約書**を作成し、財産はもらった人にきちんと渡し、もらった人自身が管理しましょう。

贈与税の計算方法は2とおり

（1）暦年課税制度

　暦年課税制度は、もらう人ごとに毎年110万円の非課税枠があります。110万円を超えなければ、税金に関する手続は不要であり、超えたときには、翌年3月15日までに申告書を税務署に提出し、贈与税を納めます。平成27年には、20歳以上の子や孫への贈与は税率が緩和されました。

第7章　生前対策の基礎知識

217

（2）相続時精算課税制度

相続時精算課税制度は、若い世代に財産を移しやすくしようという目的で、平成15年につくられた制度です。平成27年には対象者が拡大され、60歳以上の親や祖父母から20歳以上の子や孫への贈与で使えるようになりました。

同じ「贈与する人・もらう人」の間なら、一生涯2,500万円の特別控除額が複数の年にわたり使えます。2,500万円に達するまで贈与税はかかりませんが、それを超えたら一律20％の税率で贈与税がかかります。

この2,500万円は贈与税の「非課税枠」ではなく「とりあえず贈与税はかからない枠（特別控除額）」なので、贈与した人が亡くなると、その財産には相続税がかかります。ただし、贈与したときの財産の評価額で相続税を計算するため、贈与から相続までの間に価値の上がる財産や収益を生む財産を贈与すれば、将来の税金を減らす効果があります。

この制度を使うには、税務署への届け出が必要になります。そしていったん届け出を行うと、その「贈与する人・もらう人」の間では一生この制度を使わなければならなくなり、（1）の暦年課税制度の毎年110万円の非課税枠は使えなくなります。

両方の制度の違いを正しく理解し、どちらを使うか判断しましょう。

■ 贈与税の申告書の提出方法

提出書類	贈与税の申告書。相続時精算課税制度を使う場合には、初年度に「相続時精算課税選択届出書」の提出も必要（申告書や相続時精算課税選択届出書は、税務署の窓口か、国税庁のウェブサイトからダウンロードして入手します）
提出先	受贈者の住所地の所轄税務署。電子申告も可
提出期限	贈与を受けた年の翌年2月1日から3月15日まで
提出義務者	受贈者（贈与により財産をもらった人）

■ 贈与税の速算表（暦年課税制度）

基礎控除額110万円控除後の課税価格	一般の贈与		直系尊属から20歳以上の子や孫への贈与	
	税　率	控除額	税　率	控除額
200万円以下	10%	―	10%	―
300万円以下	15%	10万円	15%	10万円
400万円以下	20%	25万円		
600万円以下	30%	65万円	20%	30万円
1,000万円以下	40%	125万円	30%	90万円
1,500万円以下	45%	175万円	40%	190万円
3,000万円以下	50%	250万円	45%	265万円
4,500万円以下	55%	400万円	50%	415万円
4,500万円超			55%	640万円

ポイントメモ　未成年の孫への贈与は？祖父母が認知症の場合は？

　祖父母が孫の預金口座にお金を振り込んでも、それだけでは贈与があったことになりません。贈与は、祖父母のあげたという意思と、孫のもらったという意思の両方がないと成立しないからです。必ず贈与契約書を作り、双方が署名捺印しておきましょう。

　未成年の孫へも贈与はできます。親権者（通常は両親）の同意も不要です。ただし、孫が贈与という法律行為の意味を理解できないくらい幼い場合は、孫の代わりに両親が贈与契約書に署名捺印して下さい。もらったお金は当面は両親が管理し、孫が成人したら本人に渡す必要があります。

　また、祖父母が認知症で意思能力がない場合、贈与を行うことはできません。祖父母に後見人などがついた場合も、贈与は祖父母本人の財産を減らす行為ですから、行えないことがほとんどです。

成年後見制度　P136

第7章　生前対策の基礎知識

● 全員が確認したい手続 ●

04 生前贈与の活用を検討しましょう②

贈与税にはもらう財産の種類や使途により
様々な非課税特例があります。

配偶者への自宅の贈与は2,000万円まで非課税に

婚姻期間が20年以上の夫婦間で、自宅または自宅の購入資金の贈与を行ったときは、最高2,000万円、暦年課税制度の非課税枠110万円と合わせて2,110万円までは贈与税が非課税になります。

贈与の後3年以内に贈与した配偶者が亡くなった場合でも、この特例による生前贈与は相続財産に加算する必要がなく、相続税の対象になりません。また、相続法が改正され、自宅現物の贈与は遺産の前渡しと考えなくてよくなりました。その結果、遺産分割時の配偶者の取り分が増え、老後の生活が安定します。

法改正 P18

ただし、贈与税はかからなくても不動産の名義変更をするときの登録免許税や不動産取得税はかかりますので、注意しましょう。

子などへの住宅購入資金は一定額まで非課税に（令和3年末まで）

両親や祖父母などから20歳以上の子や孫などへ、自宅の購入資金の贈与を行ったときは、例えば建物の新築等の契約年が令和3年3月31日までの場合は、省エネ住宅なら1,500万円まで、それ以外の住宅なら1,000万円まで贈与税が非課税になります（建物にかかる消費税率が10%の場合。非課税枠は建物の新築等の契約年によって異なります）。

暦年課税の非課税枠110万円か相続時精算課税の特別控除額2,500万円のいずれかを選択して、併せて使うことが可能です。

以上2つの特例は、翌年3月15日までに贈与税の申告書を税務署に提出しなければ適用を受けられませんので、気をつけましょう。

220

孫などへの教育資金は1,500万円まで非課税に（令和3年3月末まで）

　30歳未満の子や孫などへの教育資金として、両親や祖父母などが金融機関にお金を預けたときは、1,500万円（学校以外へ支払う場合は500万円）まで贈与税が非課税になります。

　原則として、30歳になった日に使い残しがあれば残額に贈与税がかかり、また、贈与者が死亡したときに過去３年以内の預け入れ分に使い残しがあれば、残額に相続税がかかる場合があります。

子などへの結婚・子育て資金は1,000万円まで非課税に（令和3年3月末まで）

　20歳以上50歳未満の子や孫などへの結婚・子育て資金として、両親や祖父母などが金融機関にお金を預けたときは、1,000万円（結婚資金は300万円）まで贈与税が非課税になります。

　50歳になった日に使い残しがあれば、残額に贈与税がかかり、また、贈与者が死亡したときに使い残しがあれば、残額に相続税がかかりますので、使い切る金額を贈与しましょう。

　以上２つの特例は、非課税申告書を金融機関を通じて税務署に提出する必要があります。

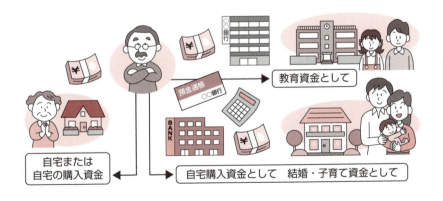

贈与契約書の見本

> 金銭の贈与契約書の場合、収入印紙の貼付は不要です。

贈与契約書

　贈与者である冬平勇（以下、「甲」という。）と、受贈者である冬平浩一（以下、「乙」という。）との間で、次のとおり贈与契約を締結した。

第1条　甲は、本日付で、現金200万円を乙に贈与するものとし、乙はこれを受諾した。

第2条　甲は、乙に対し、第1条に基づいて贈与した現金を、令和 2年 3月31日までに乙が指定する口座に振り込むものとする。なお、振込手数料は甲の負担とする。

　上記契約の成立を証するため、本書1通を作成し、署名捺印のうえ原本を乙が、写しを甲がそれぞれ保有する。

令和 2年 3月 8日

（甲）
　住　所　　東京都豊島区目白六丁目31番17号

　氏　名　　冬平　勇　　　

（乙）
　住　所　　東京都練馬区旭丘三丁目7番20号

　氏　名　　冬平　浩一

● 全員が確認したい手続 ●

05 生命保険の活用を検討しましょう

生命保険が一番役にたつのは相続のとき。
生命保険にはこんなメリットがあります。

円滑な遺産分割や相続税の軽減対策に、生命保険の活用は欠かせません。生命保険には、主に以下の３つのメリットがあります。

メリット1 相続人には「500万円×法定相続人の数」の非課税枠がある

夫が亡くなり、妻と子ども２人の計３人が相続人なら、預金1,500万円を相続すると、その全額が相続税の対象になりますが、相続人が死亡保険金として受け取れば非課税になり、相続税はかかりません。

■ 死亡保険金の非課税枠　一覧表

法定相続人の数	非課税枠
1人	500万円
2人	1,000万円
3人	1,500万円
4人	2,000万円
5人	2,500万円

メリット2 相続後すぐに「現金」が手に入る

金融機関は預金者が亡くなったことを知ると、すぐに口座を凍結します。口座のお金を引き出すには、遺言書か遺産分割協議書、さらに相続人全員の署名と実印の押印を所定の用紙に求められ、時間がかかります。相続法が改正され預貯金の払戻し制度が新設されましたが、無条件で払い戻せる金額には上限があります。　　　　　　預貯金の払戻し制度　P46

生命保険なら受取人が単独で保険会社に請求を行えばよく、通常５営

第7章　生前対策の基礎知識

223

業日程度で保険金が指定した口座に振り込まれます。保険金は葬式費用にも充てられ、残された家族は当面のお金に困らなくて済みます。

メリット3　故人の遺産ではなく受取人の財産である

メリット1の非課税枠を超える死亡保険金は、**みなし相続財産**として相続税の対象になります。しかし、あくまで税金の計算上そう「みなしている」だけであり、法律上、保険金は故人の遺産ではなく**受取人自身の財産**なので、**故人の遺産を相続したことにはなりません**。遺産分割の対象にもならず、残したい人に多く財産を残せます。また、相続放棄をしても受け取れますし、受取人を長男のお嫁さんなどの相続人以外の人にすることで、介護の労に報いることもできます。

■ 保険金を代償分割の代償金として使う方法

自宅が遺産の大半を占めているなど、法定相続分どおりの遺産分割が難しそうな場合、死亡保険金を代償金として活用する方法があります。

例えば、父が生前に契約者となり保険に入り、保険金の受取人を同居している長男にしておきます。そうすれば、父の相続時には長男が単独で自宅を相続しても、受け取った保険金から現金を長女に渡すことにより、父の遺産分割を円満に行えます。

代償分割 P127

同じ事案で、保険金の受取人を長女にしていると、法律上は、保険金を受け取っても長女は父の遺産を相続したことにはならないため、長女は保険金とは別に、法定相続分どおりの相続の権利も主張できる形になりますので注意しましょう。

保険は入り方によって課される税が変わります

　死亡保険金には必ず相続税がかかるというわけではありません。例えば、父が死亡し長男が保険金を受け取る場合にどんな種類の税金がかかるかは、受取人である長男から見て**保険料を払う「契約者」**が誰なのかがポイントになります。どの入り方がよいかは、生命保険会社の方に頼めばシミュレーションしてくれますので、比較・検討してみましょう。

父が死亡したとき、長男にかかる税金の種類

契約者 （保険料を払った人）	被保険者 （保険の対象となっている人）	受取人 （保険金をもらう人）	税金の種類
父	父	長男	（1）相続税
長男	父	長男	（2）所得税
母	父	長男	（3）贈与税

（1）相続税がかかる場合

　契約者＝被保険者のとき（父が自分自身に保険をかけていたとき）、長男が受け取る保険金には**相続税**がかかります。そのうち、500万円×法定相続人の数までの保険金は非課税になります。

（2）所得税がかかる場合

　契約者＝受取人のとき（長男が保険料を払い父に保険をかけていたとき）、長男が受け取る保険金には**所得税**がかかります。保険金から生前に払った保険料と50万円を引き、残りを2分の1した金額に所得税がかかります。例えば、生前に父が長男へ現金を贈与し、それを長男が保険料に充てれば相続税が軽減できます。

（3）贈与税がかかる場合

　契約者、被保険者、受取人がすべて違うときには**贈与税**がかかります。税負担が重くなる可能性が高いので、保険の見直しが必要です。

● 該当する方に必要な手続 ●

06 自宅を売るときの税金について知っておきましょう

亡くなった方の自宅をいつ処分するかで
売る時にかかる税金の額が大きく変わります。

不動産を売ったときの儲けのことを譲渡所得といい、所得税と住民税がかかります。そして、マイホームや相続した財産を売ったときには、税金の負担が軽くなるよう、様々な税の軽減措置が設けられています。

譲渡所得とは不動産の値上がり益のこと

譲渡所得とは、売った値段（収入金額）から買った値段（取得費）と売るときの諸経費（譲渡費用）を差し引いた「儲け」のことです。取得費が分からない場合は、売った値段の５％を取得費として譲渡所得を計算できます。所得税と住民税は、この譲渡所得に税率をかけて計算します。

税率は、不動産の所有期間に応じて異なり、売った年の１月１日時点で所有期間が５年超なら所得税と住民税で計20％、５年以下なら計39％です（2037年までは復興特別所得税2.1％もかかる）。ただし、相続した不動産の所有期間は、相続時からではなく故人がその財産を取得した日から数えます。間違えやすいので気をつけましょう。

収入金額4,000万円－（取得費200万円＋譲渡費用150万円）＝譲渡所得3,650万円

譲渡所得3,650万円×税率（５年超）20％＝所得税・住民税730万円

居住用財産を譲渡した場合の3,000万円特別控除

マイホームを売った場合には、譲渡所得から最高3,000万円を差し引けます。ただし、

・居住中、または、住まなくなった日から３年目の年末までに売ること
・住民票があっても実際に住んでいない家、別荘などは対象外

・配偶者、直系血族（両親や子、孫など）、生計を一にしていた親族に
　売った場合は対象外

など、他にも細かな要件がありますので、事前に税務署や税理士などの
専門家に確認しましょう。

> 譲渡所得3,650万円 − 特別控除額3,000万円 ＝ 650万円
>
> 650万円 × 税率（長期）20％ ＝ 所得税・住民税130万円

居住用財産の軽減税率

　所有期間が10年を超えるマイホームを売った場合は、通常より低い税率を適用できます。居住用財産の3,000万円控除後の所得が6,000万円以下なら税率は**計14％**です。6,000万円を超えた部分は原則どおり計20％で課税されます。

相続した空き家を譲渡した場合の3,000万円特別控除 （令和5年末まで）

　一人暮らしだった故人のマイホームを相続後に売った場合には、譲渡所得から最高3,000万円を差し引けます。ただし、居住用財産の3,000万円控除よりも細かな要件が数多くありますので、適用できるケースは限られます。

・相続後、３年目の年末までに売ること
・売った値段が１億円以下であること
・昭和56年５月31日以前に建築された一戸建てであること
・建物を取り壊し売却するか、耐震リフォームしてから売ること

相続財産を譲渡した場合の取得費の特例（相続空き家の3,000万円控除と選択）

　相続した財産を、相続税の申告期限から３年以内（相続から３年10か月以内）に売った場合には、払った相続税の一部を譲渡所得の計算上取得費（経費）に加算できるので、所得税や住民税の負担が軽くなります。

巻末資料 お役立ち情報

身近な人が亡くなった際に参考になるウェブサイトをご紹介します。

■ 各自治体のウェブサイト（アドレスは自治体により異なります）

市区町村役場で行う各種手続の説明や方法、窓口案内、市区町村役場の所在地など、市区町村役場で行う手続についての様々な情報を確認できます。国民健康保険や後期高齢者医療などの窓口も市区町村役場です。自治体によりますが、届出書や申請書の書式などをダウンロードできるところもあります。

■ 各金融機関のウェブサイト（アドレスは金融機関により異なります）

金融機関で行う各種手続の説明や方法、金融機関各支店（窓口）の所在地など、金融機関についてのさまざまな情報が確認できます。相続手続の具体的な流れや窓口を確認できるところも増えてきています。

■ 日本年金機構　　　　https://www.nenkin.go.jp/

各種年金のしくみや遺族年金などの受給要件、各種手続、申請や届出様式の案内、全国の年金事務所の所在地など、年金に関する様々な情報を確認できます。請求書などの書式のダウンロードも可能です。

■ 法務省　　　　　　　http://www.moj.go.jp/

民法など法改正についての最新情報や詳細、戸籍等に関する情報など、法律に関するさまざまな情報を確認できます。

＊法務局における自筆証書遺言書保管制度について

http://www.moj.go.jp/MINJI/minji03_00051.html

＊相続法の改正

http://www.moj.go.jp/MINJI/minji07_00222.html

228

■ 法務局　　　　　http://houmukyoku.moj.go.jp/

全国の法務局の所在地・連絡先、登記申請書や添付書類の作成方法、必要書類の案内、不動産の管轄など、登記手続に関する様々な情報を確認できます。登記申請書などの書式のダウンロードも可能です。

＊法定相続情報証明制度の具体的な手続について

http://houmukyoku.moj.go.jp/homu/page7_000014.html

■ 国税庁　　　　　https://www.nta.go.jp/

相続税や贈与税などのしくみや申告書などの作成方法、必要書類の案内、全国の税務署の所在地など、国に納める税金に関する様々な情報を確認できます。申告書などの書式のダウンロードも可能です。

＊財産評価基準書（路線価図・評価倍率表）

https://www.rosenka.nta.go.jp/

■ 裁判所　　　　　https://www.courts.go.jp/

裁判所における各種手続の説明や窓口案内、申立書や申述書の書き方、必要書類の案内など、裁判所で行う手続に関する様々な情報が確認できます。申立書などの書式のダウンロードも可能です。

■ 日本公証人連合会　　http://www.koshonin.gr.jp/

公正証書遺言などの公証役場における各種手続の説明や全国の公証役場の所在地など、公証役場で行う手続に関するさまざまな情報が確認できます。

■ 登記情報提供サービス　　https://www1.touki.or.jp/

不動産や会社・法人の登記情報などを、インターネットを利用してパソコンなどの画面上で確認できるサービスです。

229

用語索引

◆あ～お

遺言 ……………………… 20,100,210
遺産 ……………………………… 20,96
遺産分割協議 ……… 20,126,130,184
遺贈 …………………… 20,100,156
遺族年金 ……………………………… 77
遺留分 ……………………………… 104
印鑑証明書 ………… 45,115,130,154

◆か～こ

株式 ………………………… 146,167
基礎控除額 ……… 166,168,170,217
寄与分 ……………………………… 130
金融機関 ………… 46,140,147,158
検認 ………………… 100,102,210
公正証書遺言 …………… 100,210
戸籍謄本 …………… 44,106,154,156

◆さ～そ

借金 ……………………………… 122
小規模宅地等の特例 ……… 20,166,182,196
所有権移転登記 ………………… 152
自宅 ……………………… 167,178,226
実印 ……………………………… 115,130
自筆証書遺言 …………… 100,210
自筆証書遺言書保管制度 ……… 213
住民票の写し ……… 45,114,154,156
準確定申告 ……………………… 20,52
除籍謄本 ……………………… 44,106
生前贈与 …………………… 168,217
生前対策 ……………………………… 209
成年後見人 ………… 126,135,136
生命保険 …………………… 148,223
葬儀 ……………………… 25,30,34
相続関係説明図 ……………… 155,156
相続財産 …………………… 20,97,167
相続時精算課税制度 ……………… 218

◆た～と

相続税 …………… 20,164,168,172,174,225
相続税申告 ………… 120,126,184,191
相続人 ……………… 20,98,106,173
相続放棄 …………… 120,122,173
贈与 …………………… 168,217,222
贈与税 …………… 20,169,176,217,225

宅地 ……………………………… 167
建物 ……………………………… 167
登記申請書 …………… 153,157,159
登記事項証明書 …………… 117,157
特別受益 ……………………………… 130
土地 ……………………… 166,178

◆な～の

認知症 …………… 126,135,219
年金 …………………… 52,70,76

◆は～ほ

配偶者 …………………… 98,176,220
配偶者の税額軽減 ……… 176,190,193
被相続人 ……………………………… 20
不動産 ……………… 117,152,226
法定相続情報証明制度 …………… 110
法定相続人 …………… 170,173
法定相続分 ……………………………… 98
保険金 …………………… 148,167,223

◆ま～も

埋葬料（費） ……………………………… 56
マイナスの財産 ……… 97,122,161
マイナンバー ……………………… 201
孫 ……………………… 98,219,221
みなし相続財産 …………… 168,224
名義変更 ……………………………… 138

◆や～

遺言 ……………………… 20,100,210
預金 ……………………………… 167

著者紹介　PROFILE

著　者

● 児島 明日美 （こじま あすみ）

司法書士。東京司法書士会所属。簡裁訴訟代理等関係業務認定取得。公益社団法人成年後見センター・リーガルサポート東京支部所属。2010年に独立開業。相続・遺言・成年後見等の業務を中心に「老活」サポートに力を入れている。

著書に、「自分でできる相続登記」（自由国民社）、共著に「はじめての相続・贈与の生前対策」（清文社）、「今日から成年後見人になりました」（自由国民社）、監修書に「自分でできる不動産登記」（自由国民社）がある。

＊司法書士児島明日美事務所　http://www.asumi-office.com/

● 福田 真弓 （ふくだ まゆみ）

税理士・ファイナンシャルプランナー。2001年税理士試験合格。税理士法人タクトコンサルティング、野村證券プライベート・バンキング業務部などの勤務を経て2008年独立。専門は相続と財産の管理承継。コンサルティング、講演、執筆などを通じ、お金や家族に振り回されない豊かな暮らしづくりの実現をめざしている。

著書に「自分でできる相続税申告」（自由国民社）、「必ずもめる相続の話」「必ずもめる相続税の話」（東洋経済新報社）他共著や監修書、新聞雑誌テレビなどのメディア出演も多数。　　　　　　　　　　　　　　＊福田真弓オフィシャルサイト　https://www.mayumi-tax.com/

● 酒井 明日子 （さかい あすこ）

社会保険労務士。東京都社会保険労務士会所属。

大手不動産会社に勤務した後、社会保険労務士資格を取得。人事労務関連のコンサルティング会社での勤務後、独立。労務に関する各種手続・申請や、就業規則の作成、労務相談・管理など、多くの企業のサポートを行う。

2009年8月に社会保険労務士試験受験生向けのブログ「集まれ！社労士受験生！さくらとひまわりのお花見日和」をスタート。11年以上にわたり、現在も毎日更新中。

＊人事オフィスひまわり　https://himawari-sr.info/

監修・執筆協力

● 児島 充 （こじま みつる）［監修・執筆協力］

司法書士。神奈川県司法書士会所属。簡裁訴訟代理等関係業務認定取得。

＊Ｋ＆Ｓ司法書士事務所　http://www.ks-legal.com/

● 藤江 明子 （ふじえ あきこ）［執筆協力］

司法書士。山梨県司法書士会所属。

＊藤江司法書士事務所　http://www13.plala.or.jp/fujiejimusho/

身近な人が亡くなった後の
手続のすべて

2014年12月1日	初版 第1刷発行
2017年12月20日	新版 第1刷発行
2020年10月3日	新訂版 第1刷発行

著　者	児島 明日美 福田 真弓 酒井 明日子
発行者	伊藤 滋
印刷所	横山印刷株式会社
製本所	新風製本株式会社
本文DTP	有限会社 中央制作社

発行所	株式会社 自由国民社

〒171-0033　東京都豊島区高田3-10-11
営業部　TEL 03-6233-0781　FAX 03-6233-0780
編集部　TEL 03-6233-0786　URL https://www.jiyu.co.jp/

・造本には細心の注意を払っておりますが、万が一、本書にページの順序間違い・抜けなど物理的欠陥があった場合は、不良事実を確認後お取り替えいたします。小社までご連絡の上、本書をご返送ください。ただし、古書店等で購入・入手された商品の交換には一切応じません。
・本書の全部または一部の無断複製（コピー、スキャン、デジタル化等）・転訳載・引用を、著作権法上での例外を除き、禁じます。ウェブページ、ブログ等の電子メディアにおける無断転載等も同様です。これらの許諾については事前に小社までお問合せください。また、本書を代行業者等の第三者に依頼してスキャンやデジタル化することは、たとえ個人や家庭内での利用であっても一切認められませんのでご注意ください。
・本書の内容の正誤等の情報につきましては自由国民社ホームページ内でご覧いただけます。
https://www.jiyu.co.jp/
・本書の内容の運用によっていかなる障害が生じても、著者、発行者、発行所のいずれも責任を負いかねます。また本書の内容に関する電話でのお問い合わせ、および本書の内容を超えたお問い合わせには応じられませんのであらかじめご了承ください。